Snel geld in een weekend.

SNEL GELD IN EEN WEEKEND

Door: D.K. Hawkins
Serie "Snel Geld"
Versie 1.1 ~november 2022
Gepubliceerd door D.K. Hawkins bij KDP
Copyright ©2022 door D.K. Hawkins. Alle rechten voorbehouden.

Niets uit deze uitgave mag worden verveelvoudigd, verspreid of overgedragen in enige vorm of op enige wijze, waaronder fotokopieën, opnamen of andere elektronische of mechanische methoden of via enig informatieopslag- of gegevenszoeksysteem, zonder voorafgaande schriftelijke toestemming van de uitgevers, behalve in het geval van zeer korte citaten in kritische recensies en bepaald ander niet-commercieel gebruik dat door de auteurswet is toegestaan.

Alle rechten voorbehouden, inclusief het recht op gehele of gedeeltelijke reproductie in welke vorm dan ook.

Alle informatie in dit boek is zorgvuldig onderzocht en gecontroleerd op feitelijke juistheid. De auteur en uitgever geven echter geen garantie, expliciet of impliciet, dat de informatie in dit boek geschikt is voor elk individu, situatie of doel en aanvaarden geen verantwoordelijkheid voor fouten of weglatingen.

De lezer aanvaardt het risico en de volledige verantwoordelijkheid voor alle handelingen. De auteur is niet verantwoordelijk voor enig verlies of schade, hetzij gevolgschade, incidenteel, speciaal of anderszins, die kan voortvloeien uit de informatie in dit boek.

Alle afbeeldingen zijn vrij te gebruiken of gekocht van stockfotosites of vrij van royalty's voor commercieel gebruik. Ik heb me voor dit boek gebaseerd op mijn eigen waarnemingen en op vele verschillende bronnen, en ik heb mijn best gedaan om de feiten te controleren en de eer te geven waar die toekomt. In het geval dat materiaal is gebruikt zonder de juiste toestemming, neem dan contact met mij op zodat de vergissing kan worden gecorrigeerd.

De informatie in dit boek dient uitsluitend ter informatie en is niet bedoeld als bron van advies of kredietanalyse met betrekking tot het gepresenteerde materiaal. De informatie en/of documenten in dit boek vormen geen juridisch of financieel advies en mogen nooit worden gebruikt zonder eerst een financiële professional te raadplegen om te bepalen wat het beste is voor uw individuele behoeften.

De uitgever en de auteur geven geen enkele garantie of andere belofte met betrekking tot de resultaten die kunnen worden verkregen door het gebruik van de inhoud van dit boek. U mag nooit een investeringsbeslissing nemen zonder eerst uw eigen financieel adviseur te raadplegen en uw eigen onderzoek en due diligence uit te voeren. Voor zover wettelijk toegestaan wijzen de uitgever en de auteur alle aansprakelijkheid af in het geval dat informatie, commentaar, analyse, meningen, adviezen en/of aanbevelingen in dit boek onnauwkeurig, onvolledig of onbetrouwbaar blijken te zijn of resulteren in beleggings- of andere verliezen.

De inhoud van dit boek is niet bedoeld als en vormt geen juridisch advies of beleggingsadvies, en er wordt geen advocaat-cliënt relatie gevormd. De uitgever en de auteur verstrekken dit boek en de inhoud ervan op een "as is" basis. Uw gebruik van de informatie in dit boek is op eigen risico.

INHOUDSOPGAVE.

Snel geld in een weekend. 1

INHOUDSOPGAVE. 4

INLEIDING. 7

HOOFDSTUK 1: WAAROM SNEL GELD VERDIENEN IN HET WEEKEND?...10

HOOFDSTUK 2: MANIEREN OM SNEL GELD TE VERDIENEN IN HET WEEKEND. 14

    1. Andermans spullen verkopen. 14

    2. Artikelen schrijven. 16

    3. Een blog maken. 22

    4. Huismeester. 31

    5. Huishoudelijke diensten. 39

    6. Diensten voor residentieel schilderwerk. 43

    7. Hondenuitlaatservice. 47

    8. Automatenbedrijf. 50

    9. eBay & Craigslist. 55

    10. Swap ontmoet marketing. 57

    11. Babysitten. 67

    12. Supper verkopen. 69

    13. Betaalde enquête. 70

    14. Verkoop ruimte voor reclame op uw blog. 72

    15. Affiliate marketing. 73

    16. Online veilingmeester. 76

17. Freelancing. 77
18. Ontvang contant geld voor uw elektronica. 78
19. Werk in Auto Detailing. 79
20. Taart beeldhouwen. 79
21. Dierlijke fotografie. 80
22. Op maat gemaakte dingen. 81
23. Bijles. 81
24. Detailen van voertuigen. 83
25. Behoud van commercieel eigendom. 84
26. Levensonderhoud. 84
27. Stagehand voor een band of theatergroep. 85
28. Een auto-onderhoudsbedrijf beginnen. 86
29. Deelnemen aan een flessenactie. 86
30. Houd een tuinverkoop. 86
31. Het Krantenpapier. 87
32. Tijdelijke tuinarchitect. 87
33. Een klein bedrijf beginnen. 88
34. Gebruik uw kennis. 88
35. Privé-vakantieverhuur. 89

HOOFDSTUK 5: FAVORIETE WEEKEND BAANTJES VAN STUDENTEN. 92

HOOFDSTUK 6: VERDIEN $1.000 IN SLECHTS ÉÉN WEEKEND. 95

HOOFDSTUK 7: STAPPEN OM SNEL EEN WEEKENDBAAN TE VINDEN. 101

HOOFDSTUK 8: MIJN TOP 50 MANIEREN OM $100 ONLINE TE VERDIENEN IN EEN WEEKEND. 106

CONCLUSIE..115

INLEIDING.

Dit weekend zijn er veel mogelijkheden om snel een inkomen te verdienen zonder iets uit te geven. Zeker, er zijn veel verschillende gratis alternatieven om geld te verdienen. Veel mensen hebben zich deze methoden eigen gemaakt en zijn begonnen de ratrace geleidelijk te verlaten. Sta me toe enkele eenvoudige technieken aan te reiken om aan de ratrace te ontsnappen.

Bijvoorbeeld, het verkrijgen van herdruk artikelen is de snelste manier om te beginnen met AdSense bloggen. Herdruk artikelen zijn gratis artikelen die op een site kunnen worden geplaatst als inhoud. U zou zich eerst aanmelden voor een gratis blog en daar uw herdrukartikelen plaatsen.

Vervolgens publiceer je minstens 10 berichten en dien je ze in bij de belangrijkste directories om je site te promoten, en voila! Mensen zullen geïnteresseerd raken in uw blog en ongetwijfeld op uw

AdSense-advertenties klikken, en u wordt daarvoor gecompenseerd, zodat u voor het weekend snel geld hebt! (Het antwoord op het maken van grote hoeveelheden geld met deze blogs is om er minstens vijf te maken).

Aan de slag gaan met artikelverspreiding naar artikelgidsen levert u misschien niet meteen veel geld op. Toch bouwt dit proces gestaag op en levert het enorme hoeveelheden verkeer op als je veel artikelen indient.

Er zijn verschillende methoden om lid te worden van forums en inhoud te verkopen. U zult versteld staan hoeveel mensen uw materiaal willen kopen. Ik heb dit gedaan, en mensen zijn dol op het kopen van forum inhoud. Hoeveel kun je verdienen met het maken en verkopen van artikelen?

Als je serieus bent, kun je in een kwartier een artikel schrijven en voor elk artikel $5 vragen. Je ziet hoe snel dit zich ophoopt en je tegen dit weekend minstens $100 verdient. Dit zijn enkele van de beste suggesties om te knutselen, maar hier is de definitieve oplossing.

Als u momenteel denkt dat uw loon voldoende is, vergist u zich. Mensen concurreren om meer werkgelegenheid te vinden om hun financiële situatie te verbeteren voor een betere toekomst. Weekend deeltijdwerk is een van de meest voorkomende bijbaantjes.

Het enige doel ervan is uw financiële welzijn te verbeteren. Flexibele uren zijn ook goed voor anderen en staan je primaire werk niet in de weg. Als u besluit op jacht te gaan naar een weekendbaan, kan de onderstaande uitleg u van dienst zijn. Gelukkig lezen.

HOOFDSTUK 1: WAAROM SNEL GELD VERDIENEN IN HET WEEKEND?

Ten eerste hebben we kansen nodig, die de moderne economie dagelijks biedt in de buurt van uw woonplaats! Voor de meeste gezinnen die van loonbriefje tot loonbriefje leven, is het een zegen en nog steeds zeer goed mogelijk om elk weekend snel geld te verdienen. Ik heb het niet over multi-level marketing, productcreatie of cold calling.

Het is moeilijk als je alles doet om je rekeningen te betalen, en een kleine toename van het inkomen zou je wat ademruimte geven. Toen ik dit eenmaal had ontdekt, kon ik mijn auto en creditcards afbetalen met het overige gegenereerde geld. Die waren mijn eerste zorg omdat ik het beu was al mijn geld aan schuldeisers te betalen, maar als je een grootbeeldtelevisie wilt, ga je gang.

Als ik één methode beschrijf om snel geld te verdienen, dan heb ik het niet over gratis geld dat je zonder moeite kunt krijgen, want dat bestaat niet. Als je een beetje benenwerk niet erg vindt, kun je voor minder dan $100 je eigen bedrijf oprichten en onder de radar opereren terwijl je extra inkomen genereert. luister dan aandachtig.

Of de economie nu sterk of slecht is, ieders prioriteiten verschuiven, en dat geldt ook voor degenen die hun kostbaarste bezittingen opslaan in kleine opslagruimtes. Sommige van deze eenheden worden uiteindelijk verlaten, en de maandelijkse huur wordt niet betaald. Dit is een uitstekende gelegenheid om op een eenheid te bieden en de inhoud ervan te winnen.

Wanneer u een veiling wint en de inhoud van de compacte opslagruimte ontdekt, is het net Kerstmis. Sommige producten, zoals de hoogwaardige videocamera die ik won, zullen nuttig zijn voor u en uw gezin. Dan moet u prijzen zien te krijgen voor de andere dingen, wat ik u zal laten zien hoe u dat gemakkelijk online kunt doen.

Je hoeft deze producten niet te verkopen; stuur gewoon een advertentie met de juiste taal om het op te laten vallen. Bovendien is er een website die uw goederen in minder dan vierentwintig uur kan verkopen voor geld zonder kosten.

Onderzoek de mini-opslagunits in uw buurt en aangrenzende gemeenten die u kunt gebruiken om snel geld te verdienen. De inhoud van deze opslagunits moet worden verplaatst voordat ze weer mogen worden verhuurd. U biedt een dienst aan om hen te helpen, waarvoor u royaal gecompenseerd wordt.

Meer dan negentig procent van degenen die dit lezen zullen niets doen. Degenen die nu wel een bod zullen uitbrengen, kunnen worden afgeschrikt doordat ze de eerste keer geen bod winnen en hun inspanningen staken.

U bent echter niet zoals zij; u hebt dit nodig en bent volhardend; u beseft dat u na verloop van tijd nieuwe dingen zult leren door te spreken met hen die eerder ervaring hebben opgedaan en groot succes hebben geboekt.

HOOFDSTUK 2: MANIEREN OM SNEL GELD TE VERDIENEN IN HET WEEKEND.

1. Andermans spullen verkopen.

Anderen helpen geld te verdienen is een lucratieve zaak. De meesten van ons hebben meer materiële bezittingen verzameld dan we nodig hebben. Dit is een gouden kans om een bedrijf te verwerven dat zou floreren tijdens economische tegenspoed.

Hoe? U kunt in het weekend geld verdienen door uw diensten aan te bieden als garage- en boedelverkoopplanner en andermans bezittingen te verkopen. We weten al dat veel mensen veel spullen in hun garages of huizen hebben die ze kunnen verkopen, en we weten ook dat mensen proberen geld te besparen zodat ze in discountwinkels gaan kopen. Wat is een betere plaats om te winkelen dan een garage- of boedelverkoop?

Je biedt aan om de verkoop van spullen van A tot Z te organiseren zodat mensen in het weekend met een nette som geld aankomen. Je bent verantwoordelijk voor elk aspect van het project. Je stelt een lijst op van de te verkopen producten en de prijs waarvoor ze verkocht moeten worden en laat je klant het formulier ondertekenen en geeft hem een kopie. U regelt de reclame en promotie van de verkoop en zelfs de verkoop van de producten zelf.

U zou er versteld van kunnen staan hoeveel mensen echt te verkopen hebben en hoeveel waarde er in een garage ligt te wachten. U kunt ook buren waarschuwen dat u een verkoop houdt en vragen of zij er een willen organiseren.

Zij kunnen meedoen door een doos met producten klaar te zetten die u kunt ophalen. Dit kan leiden tot een andere klant die hun verkoop wenst of hen gewoon een voorproefje geven van wat u doet voor hun buren. In beide gevallen bent u het helpen van mensen in nood van een beetje ander geld en het verkrijgen van een bedrijf dat alleen uw talent om te organiseren en te adverteren nodig heeft.

2. Artikelen schrijven.

Weet u dat het schrijven van artikelen een aanzienlijk inkomen kan opleveren? Het wordt beschouwd als een van de steeds meer miljardenindustrieën op het internet. Wat zijn de sleutels tot een succesvolle artikel schrijver of het exploiteren van een thuisbedrijf dat artikel schrijf diensten verkoopt? Ik zal de zeven gewoonten van een succesvolle schrijver van artikelen beschrijven.

Proactief.

Wanneer u een bedrijf begint, zult u ontdekken dat duizenden anderen hetzelfde doen, maar waarom blinken sommigen uit terwijl anderen falen? Niet-succesvolle artikelschrijvers anticiperen passief op een opdracht. Deze eigenschap onderscheidt goede artikelschrijvers van anderen.

Zij investeren geen tijd in het ontwikkelen van hun artikel-schrijfbedrijf. Men kan op vele manieren proactief zijn, waaronder het maken van een videoprofiel, het volgen van cursussen voor het schrijven van artikelen en het netwerken met andere auteurs online of offline. Al deze acties zullen zorgen voor meer artikel-schrijfopdrachten en suggesties om een betere schrijver te worden.

Perspectief op lange termijn.

Succesvolle schrijvers van artikelen hebben een langetermijndoel dat leidt tot succes op lange termijn. Zij stellen hun levensstijl doelen zodat ze kunnen werken waar en wanneer ze maar willen.

Met dit levensstijlideaal voor ogen doen ze al het mogelijke om succes te bereiken. Net als alle andere internetbedrijven is het schrijven van artikelen geen snelle manier om geld te verdienen. Het kost tijd om expertise, reputatie en SEO te ontwikkelen..

Punctueel zijn.

Wie heeft de tijd? Niemand heeft gelijk. Succesvolle schrijvers van artikelen begrijpen het belang van punctualiteit. Zij stellen dagelijks, per uur en per seconde doelen om aan te werken.

Dit is hoe een bescheiden inspanning in de loop van de tijd succes oplevert. Op tijd inhoud van hoge kwaliteit leveren aan uw klant verbetert uw reputatie. Het wordt een gratis internetreclame voor u.

Altijd overwinnend.

Succesvolle schrijvers van artikelen zoeken geen win-verlies omstandigheden in zakelijke transacties. Zij concentreren zich op hoe hun werk anderen kan helpen bij het genereren van inkomsten. Ze delen hun contacten en middelen met andere artikelschrijvers om een groot netwerk op te bouwen. Zo kan een duurzaam bedrijf worden gecreëerd door gebruik te maken van hun kennis en vaardigheden om veel prospects aan te trekken.

Wees positief.

Het principe van de Wet van Aantrekking is effectief voor schrijvers van artikelen en hun bedrijven. Positieve energie trekt positieve energie naar zich toe. Ze vinden manieren om te verbeteren wanneer ze vertrouwen hebben in hun werk en verantwoordelijkheid aanvaarden voor het resultaat. Daarom breiden ze snel hun netwerk uit.

Bereid zijn om te leren.

Kennis evolueert voortdurend. Artikelschrijvers kunnen niches kiezen met meer expertise, maar moeten hun kennis, terminologie en uitdrukkingen voortdurend vernieuwen. Hoe gepolijst hun talenten ook zijn, hun geschriften zullen de lezers niet boeien als ze niet meer bijleren. Als je schrijft als een professor uit de jaren '80, zal het onmogelijk zijn om lezers aan te trekken.

Verbintenis.

Dit is een essentiële gewoonte van alle succesvolle individuen. Schrap "Ik zal proberen" uit je mentale woordenboek. Wanneer zij "proberen" veranderen in "moeten", verbinden zij zich. Dit houdt in dat ze hun vrije tijd opgeven om eindeloos soapseries te kijken, te Facebooken en in het weekend te windowshoppen. Wanneer ze belemmeringen of afwijzingen tegenkomen, herinneren ze zich onmiddellijk hun visie en gaan ze weer aan het werk.

U kunt niet wachten om te beginnen met schrijven, dus u moet in contact komen met een specialist in het schrijven van artikelen die als uw mentor kan dienen. De eerste stap is dat hij zijn jarenlange ervaring en een geheime bibliotheek deelt. Klik hier voor meer informatie.

Artikel marketing is een eenvoudige manier om geld te verdienen als je het goed doet. Het is gemakkelijker dan veel andere online mogelijkheden om geld te verdienen. Bijvoorbeeld, marketing met behulp van artikelen is veel eenvoudiger dan zoekmachine optimalisatie, waarbij u probeert pagina's op uw website te rangschikken voor verschillende trefwoordzinnen die een gebruiker in Google kan invoeren.

Video's zijn het enige wat ik kan bedenken dat vergelijkbaar is met artikelen, en videomarketing is praktisch hetzelfde als artikelmarketing, behalve dat je video's gebruikt. Deze marketing is ook aanzienlijk vergevingsgezinder dan pay-per-click marketing, waar je snel veel geld kunt verliezen. Het vergt ook veel minder tijd dan social media marketing.

Je kunt enorm veel geld verdienen met artikel marketing! Het is basic. Je hoeft geen uitgebreide website of iets dergelijks te maken. Om te beginnen heb je alleen een computer en wat zittijd nodig. Oh ja, je moet wel weten wat je doet! Laten we in het licht hiervan eens kijken naar enkele talenten die je nodig hebt voor succes in deze vorm van marketing.

Nou, wat kan ik zeggen? Je moet kunnen schrijven. Maar je hebt geluk. Dit is geen school, en je krijgt geen cijfer. Eigenlijk beoordelen ze je door je goederen te kopen, maar dit is geen traditioneel beoordelingssysteem.

Als je kunt schrijven, kun je geld verdienen met artikel marketing; maar je hoeft niet effectief te schrijven. Het feit dat je zinvolle inhoud hebt in je schrijven is veel essentiëler. Het hoeft niet wereldschokkend te zijn.

Je hoeft niet elke keer dat je schrijft de formule van Einstein te vinden, maar je moet wel kennis kunnen overbrengen die anderen nodig hebben en willen hebben. Dit geeft aan dat je waarschijnlijk artikelen moet schrijven over altijd populaire onderwerpen, zoals gewichtsverlies, zelfhulp en hoe je meer geld kunt verdienen.

3. Een blog maken.

U hebt waarschijnlijk gehoord dat bloggen lucratief kan zijn, en u bent waarschijnlijk overspoeld met e-mailberichten over hoe u 's nachts duizenden kunt verdienen door alleen te schrijven. Wie kan niet elke maand extra geld gebruiken in deze moeilijke economische tijden? Gelukkig herkent u een zwendel als u er een ziet en bent u niet in de val gelopen van de marketeers die programma na programma kopen op zoek naar een programma dat werkt.

De ware tragedie is dat u geld kunt verdienen met bloggen, en duizenden mensen doen dat al. U zult niet van de ene dag op de andere rijk worden, maar als u bereid bent er een beetje moeite voor te doen, kunt u een vast inkomen verdienen om in de behoeften van uw gezin te voorzien. Als je de tijd en moeite neemt, kun je miljoenen verdienen (maar niet van de ene op de andere dag). U kunt uw dagelijkse baan vervangen door een blog.

Maar om geld te verdienen, moet u de grondbeginselen van de blogindustrie begrijpen.

Kies een niche.

U hebt een onderwerp nodig om over te schrijven; de keuze van het juiste onderwerp kan het verschil betekenen tussen succes en mislukking. Het uiteindelijke doel is om bezoekers naar uw website te trekken, een relatie met hen op te bouwen en hen vervolgens iets te verkopen. Het kiezen van een niche met weinig concurrentie is cruciaal om dit doel te bereiken.

Hoe bereik je dit?

Toch zijn er bepaalde algemene richtlijnen die u in gedachten moet houden. Een oud direct marketing gezegde luidt dat een marketeer (wat u zult worden) een hongerig publiek moet identificeren, vaststellen waarnaar zij hunkeren, en hen dan voeden.

Een ander criterium is het vinden van een publiek waarvan de vraag hun gedachten minstens eenmaal per dag bezighoudt en waarin zij een emotionele investering hebben. Bijvoorbeeld, een persoon met hoge bloeddruk denkt er waarschijnlijk dagelijks aan wanneer hij zijn medicijnen inneemt. Zij zijn emotioneel betrokken omdat zij aan deze ziekte kunnen sterven. Zij zijn wanhopig op zoek naar een remedie of, op zijn minst, verlichting van de negatieve effecten van de medicatie.

Dit publiek is overvloedig aanwezig in niches over gezondheid, relaties of rijkdom.

Een publiek vinden is eenvoudig. Het vinden van een publiek dat naar iets hongert vergt meer inspanning.

Een methode om te bepalen waar deze bevolkingsgroep naar hunkert, is observeren wat ze kopen. Dit kan online worden gedaan door Amazon te bezoeken en de best verkochte producten in een bepaalde categorie te bekijken.

Of u kunt gebruik maken van de tienduizenden dollars die anderen aan marktonderzoek hebben besteed om te bepalen wat zij aanbieden. Een bezoek aan de website van "Dummies" boeken, bijvoorbeeld, zal u een lijst opleveren van de titels die zij verkopen. Deze titels zouden niet worden aangeboden als ze niet zouden verkopen.

Als u eenmaal een niche hebt gekozen, moet u proberen die zo specifiek mogelijk te maken. Als u bijvoorbeeld aandelenhandel kiest, kunt u uw focus verfijnen tot daghandel in futures.

Focussen op de daghandel in futures elimineert een aanzienlijke hoeveelheid concurrentie en spreekt een niche klantenkring aan. Bovendien ontvangt de trefwoordterm "day trading futures" ongeveer 9000 maandelijkse zoekopdrachten.

Selecteer een product.

Na het selecteren van een niche, is de volgende stap om iets te verkopen, wat het eenvoudige gedeelte is. Elke fabrikant verkoopt via filialen, inclusief Wal-Mart, Macy's, en tienduizenden anderen.

U zou op Google kunnen zoeken naar producten die verband houden met day trading aan de hand van het voorgaande voorbeeld door "day trading affiliate" in te typen. Kies er drie of vier en schrijf je in. U zult wat rotzooi ontvangen, maar u zult ook enkele juwelen verwerven.

Uw Blog.

Er zijn veel gratis blogging platforms, zoals Blogspot.com, Weebley.com, en 2.0 netwerken, zoals

HubSpot, Squidoo, en vele anderen. Als u echter geld wilt verdienen met uw blog, moet u uw domeinnaam kopen en hem zelf hosten.

Er zijn twee belangrijke redenen voor deze kleine investering. Eerst en vooral is het uw website, en de voorwaarden van iemand anders binden u niet. U kunt doen wat u wilt met uw domein zonder bang te zijn dat u wordt berispt. Als ze vaststellen dat uw specialiteit spamming is, kunnen ze uw blog sluiten als die op een gratis domein wordt gehost.

Ten tweede is de domeinnaam zelf essentieel voor effectieve SEO. In het voorbeeld van daytrading, zou u kunnen proberen daytradingfutures.com,.org, of.net te verwerven.

Inhoud is koning.

Zelfs als je de populairste niche en het populairste product hebt, zul je falen als je inhoud geen waarde heeft. Post geen nietszeggende inhoud alleen maar om iets te posten. De tekst moet grammaticaal in orde zijn en de lezer instrueren of amuseren. Als je moeite hebt met schrijven, moet je het uitbesteden. Verschillende websites voor freelance schrijven bieden gekwalificeerde schrijvers tegen redelijke tarieven.

Stappen ondernemen.

Als de site eenmaal draait, moet u blijven zorgen voor goede inhoud; dit is een van de voordelen van het gebruik van het gratis blogplatform WordPress voor uw blog. Als u een weekend lang 15 of 20 blogberichten schrijft, kunt u die in WordPress laden en plannen dat ze in een bepaalde periode worden gepubliceerd. Dit creëert het gevoel van "natuurlijke" groei, waar Google van houdt, en geeft je bijna drie weken respijt van het schrijven.

Het zal u misschien enigszins verbazen te ontdekken dat het niet altijd zo eenvoudig is als mensen het maken; veel mensen die u vertellen dat het wel zo is, proberen gewoon uw geld af te troggelen. Er zijn eenvoudige en moeilijke manieren om een taak uit te voeren.

Dingen op de moeilijke manier doen kan leiden tot frustratie en uiteindelijk opgeven van een onderneming.

Een van de redenen waarom geld verdienen met blogwebsites eenvoudig is, is dat ze iedereen in staat stellen snel inhoud op het internet te plaatsen. Dit geldt voor degenen die al langere tijd online werken en voor technofoben.

De meeste huidige blogsoftware is gratis en domweg eenvoudig te installeren en te beheren. Als u de basisinstructies volgt, kunt u vrijwel onmiddellijk beginnen geld te verdienen met blogwebsites, ook al is er een lichte leercurve verbonden aan het werken op deze manier op internet.

Eerst moet u uw blog opzetten. Dat kan op verschillende manieren, door een gratis blogwebsite te maken of, voor een meer professionele aanpak, door een domein en hosting te kopen. Als uw doel is om een paar dollar te verdienen, kunt u dat misschien doen zonder geld te betalen op websites als blogger.com.

Maar als u een bedrijf wilt opzetten en op lange termijn inkomsten wilt genereren met blogwebsites, wilt u misschien een professionelere uitstraling.

Hoewel er veel komt kijken bij het opstarten van een dergelijke onderneming, hoeft het niet al te ingewikkeld te zijn. Er zijn veel uitstekende handleidingen beschikbaar die u door elke fase van de procedure loodsen. Door deze stappen zorgvuldig te volgen, kunt u alles opzetten en binnen een weekend of twee beginnen geld te verdienen met blogwebsites.

De meeste succesvolle blogs beginnen als weekendhobby's die later uitgroeien tot bedrijven. Voorbeelden van een voedselblog zijn KampungboyCitygal.com, dat de Aziatische keuken behandelt. De New York Times heeft over hun blog geschreven en onlangs een rubriek toegevoegd over hun reizen.

Als je bedreven bent in het schrijven en genoeg inhoud hebt voor drie tot zes maanden, kun je een duurzame hoeveelheid blogverkeer en interesse maken. Als je eenmaal een bepaalde hoeveelheid verkeer hebt, kun je je blog uitbreiden door gastbloggers te zoeken of artikelen van andere bloggers te beoordelen.

Succesvolle bloggers kunnen geld verdienen door te adverteren op hun sites of door productrecensies te publiceren die hun lezers nuttig kunnen vinden. Bovendien kunnen hun blogs een groot publiek bereiken, wat kan resulteren in een lucratief boekcontract bij een prominente uitgever.

4. Huismeester.

Veel mensen veranderen hun leven radicaal om fulltime verzorger te worden van landgoederen, boerderijen, ranches of zelfs natuurreservaten. Het beroep van verzorger bestaat al duizenden jaren en is niet nieuw.

De moderne tijd heeft ons echter de keuze gegeven om te vliegen en te communiceren via internet en kranten. Deze twee gelegenheden hebben mantelzorg als mogelijkheid voor iedereen op de voorgrond geplaatst.

Veel situaties maken de diensten van een verzorger noodzakelijk. De meest voorkomende is de aankoop van een tweede of zelfs derde woning vanwege een baan. Ouders laten hun kinderen niet langer achter bij een oppas of familielid wanneer zij op reis gaan, maar nemen ze mee.

Dit heeft veel mensen ertoe aangezet een tweede huis te kopen. Deze mensen willen hun tweede woning niet verhuren. Zij willen op elk moment kunnen terugkeren.

Anderen kopen een tweede huis op populaire vakantiebestemmingen. Deze mensen zijn niet geïnteresseerd in een eenvoudige vastgoedbelegging. Deze vakantiewoningen worden gekocht om een open uitnodiging te geven aan familie en vrienden die te allen tijde op bezoek willen komen.

Mensen leven langer dan vroeger, wat een bekend feit is. Een werkende boerderij, ranch, of herberg eigenaar kan een jongere werknemer inhuren om te helpen met het beheer van onroerend goed. Hun volwassen kinderen hebben misschien hun eigen beroep of willen niet zo'n actieve rol spelen in het runnen van het familiebedrijf.

Het is bekend dat de verzekeringspremies voor tweede woningen hoger zijn dan die voor een hoofdwoning. Deze stijging is toe te schrijven aan het feit dat verzekeringsmaatschappijen zich ervan bewust zijn dat tweede woningen doorgaans leeg staan. De kans op inbraak, overstroming of brand is in deze woningen groter. Deze groepen ontdekken dat het inschakelen van een huismeester aan hun verschillende eisen voldoet.

Het inschakelen van een huismeester kan, afhankelijk van de verzekeringsmaatschappij, de verzekeringstarieven marginaal verlagen.

Degenen die conciërges in dienst nemen ontdekken ook dat het hen na verloop van tijd geld bespaart. Iemand ter plaatse hebben om routineonderhoud uit te voeren, mogelijke problemen op te sporen en reparaties uit te voeren wanneer die zich voordoen, is aanzienlijk kosteneffectiever dan externe hulp in te huren voor een grote onderneming.

Bovendien zijn hun huizen en bezittingen beveiligd tegen mogelijke inbraken, zwervers en hangjongeren. Zorgverleners kunnen op korte of lange termijn worden aangeworven.

Personen of gezinnen die conciërgediensten verlenen zijn op zoek naar een verandering van tempo. Meestal zijn het stadsbewoners die een andere sfeer en manier van leven wensen voor hun gezin en zichzelf.

Sommige mensen zouden nooit met dieren of in een wildpark werken. Sommigen zijn misschien niet in staat om te migreren naar afgelegen of landelijke plaatsen. Het beroep van verzorger biedt voor hen deuren.

Meestal zijn verzorgers gepensioneerden. De drang om zich nuttig te voelen, het verlangen naar een tweede beroep en de kans om te verdwalen in een nieuwe omgeving trekken gepensioneerden aan. Hun eerdere levenservaringen zullen hen goed van pas komen als ze in de zorgsector gaan werken.

Wie bedreven is in landbeheer, tuinieren, onderhoud en dierenverzorging, is verzekerd van een baan als conciërge. Het werk als conciërge in een pension of herberg kan een goed alternatief zijn voor iemand met ervaring in delegeren, management en klantenservice.

In de afgelopen jaren was het voor gepensioneerden onmogelijk om hun doelen na te streven en naar een gekozen regio te verhuizen. Dit is echter niet langer het geval. Zij die altijd al hun land wilden bewerken, met dieren wilden werken of aan een exotisch strand wilden verblijven, kunnen deze doelen bereiken door zorg te verlenen.

Jonge gezinnen vinden ook werk als verzorger. Veel grote landeigenaren, veeboeren en natuurreservaten nemen ouders van kleine kinderen in dienst om te helpen bij het onderhoud van het terrein. Ouders kiezen ervoor te verhuizen om hun kinderen andere delen van de wereld en nieuwe manieren van leven bij te brengen of om hen uit de stad en dichter bij de natuur te brengen.

Een essentieel aspect om zorgverlening te begrijpen is dat het een vrijetijdsbesteding is. Het is niet zoals het bedrijfsleven, en je hoeft je geen zorgen te maken dat je onder toezicht van een dictatoriale werkgever leeft.

De meeste eigenaren zijn er niet eens, en degenen die de waarde van eenzaamheid en een rustige omgeving begrijpen wel. De omgeving stelt de verzorgers in staat om in hun eigen tempo te reizen en te genieten van alle extraatjes.

Gratis huur is het belangrijkste extraatje voor de huisbewaarders. Hierdoor kunnen gepensioneerden sparen, de opleiding van hun kinderen betalen of andere huishoudelijke uitgaven dekken. Gratis huur helpt ook jonge gezinnen die sparen voor hun eigen huis. In deze relaxte omgeving moeten zorgverleners zeer onafhankelijk en gemotiveerd zijn en zelfstandig kunnen werken.

Afhankelijk van het dienstverband kan een kleine vergoeding of salaris worden verstrekt, evenals een ziektekostenverzekering. De zorgverlener betaalt meestal de verhuiskosten, maar de eigenaar kan deze kosten soms ook dekken.

De verantwoordelijkheden van een verzorger variëren afhankelijk van de locatie.

De topprioriteiten van alle verzorgers zijn echter integriteit en een passie voor het milieu. Werken op een paardenboerderij, ranch of natuurreservaat vereist passie voor dieren.

Herbergiers moeten een passie hebben voor mensen en klantenservice. Afhankelijk van de interesses en competenties van de beheerder kan meestal een geschikte eigenaar worden gevonden.

De meeste eigenaars zijn bereid iemand op te leiden met wie zij een relatie hebben, die zij als betrouwbaar beschouwen en die potentieel heeft. Eigenaren huren liever iemand in die zij als betrouwbaar beschouwen dan iemand met een pagina vol referenties van wie zij vermoeden dat het een oplichter is. Het is ook cruciaal te onthouden dat personen die zichzelf niet beschouwen als ervaren op bepaalde gebieden, een carrière als verzorger kunnen krijgen.

Verzorging is een uitstekende methode voor gepensioneerden om hun gouden jaren door te brengen. Het rustige, ontspannende tempo, de natuurlijke omgeving en de gratis accommodatie zorgen samen voor een levensveranderende ervaring, anders dan ze ooit hebben gehad. Zorg is ook geschikt voor het openen van een ranch, herberg of visserij.

Het biedt studenten de kans om te leren en tegelijkertijd geld te besparen. Gezinnen profiteren van de landelijke omgeving en de mogelijkheid om kinderen een passie voor land en dieren bij te brengen. Het geld dat wordt bespaard op huisvesting kan worden geïnvesteerd in een toekomstig huis of de opleiding van hun kinderen.

Zowel de eigenaar als de verzorger hebben baat bij de zorgregeling. Uit rapporten blijkt dat er over de hele wereld een toenemende behoefte is aan verzorgers. Een goede band tussen de eigenaar en de huismeester is mogelijk. Internet en kranten kunnen worden gebruikt om eigenaren en verzorgers te vinden.

Als u kunt aantonen dat u een betrouwbare huisoppas bent, is dit een geweldige mogelijkheid om geld te verdienen en te besparen op de huur. Deze mogelijkheid is het meest effectief in de zomer, wanneer mensen voor langere tijd op reis gaan en iemand nodig hebben om op hun huis of huisdieren te passen.

Een vriend van mij doet dit als zomerbaantje tijdens zijn studie. Behalve dat hij de hele zomer geld verdient met huisoppassen, bespaart hij ook geld op de huur voor zijn studentenhuisvesting.

5. Huishoudelijke diensten.

Tegenwoordig zijn huishoudelijke diensten uiterst populair. Nu mensen het steeds drukker krijgen, hebben ze mensen nodig die voor hun huizen kunnen zorgen; daarom is professioneel schoonmaken van huizen een fantastische methode om geld te verdienen in het moderne tijdperk. Het beste aspect is dat je een minimale financiële investering nodig hebt; alles wat je nodig hebt zijn huishoudelijke vaardigheden en veel harde inspanning.

Voordat u begint, moet u ervoor zorgen dat u over de nodige uitrusting beschikt. Ten eerste heeft u schoonmaakbenodigdheden nodig. Overweeg gerenommeerde, efficiënte merken die de klus met weinig moeite klaren.

Verzamel vervolgens alle benodigde schoonmaakbenodigdheden. Sommige klanten brengen hun schoonmaakproducten mee, terwijl anderen willen dat u dat doet. In beide gevallen verdient het de voorkeur om alle benodigdheden bij elkaar te hebben. Zorg bovendien voor vervoer.

Zodra u klaar bent om uw professionele schoonmaakbedrijf te lanceren, kunt u beginnen met de marketing van uw diensten. Een van de beste manieren om te beginnen is door gebruik te maken van je netwerk. Vraag uw kennissen of ze geïnteresseerd zijn in uw diensten. U kunt hen goedkopere prijzen aanbieden en vragen dat zij u doorverwijzen naar hun andere kennissen. Uiteindelijk is mond-tot-mondreclame een geweldig marketinginstrument.

Om uw publiek te verbreden heeft u toegang tot internet en een computer nodig. Online marketing van uw professionele schoonmaakdiensten is een fantastische strategie om klanten rechtstreeks te bereiken en het voor potentiële klanten gemakkelijk te maken om contact met u op te nemen. Het internet is overvol met vragen waaraan u kunt voldoen, dus u hoeft geen extra marketingwerk te verrichten nadat u het woord hebt verspreid.

Het nadeel van reclame op internet is dat u consumenten kunt ontvangen in afgelegen gebieden, waar u misschien niet bereid bent naartoe te rijden.

Bijgevolg, als u wenst om uw bedrijf lokaal te houden, althans voor het moment, kunt u gebruik maken van meer conventionele marketing strategieën, zoals het afdrukken van flyers en visitekaartjes. Als u bereid bent een beetje geld uit te geven, kunt u adverteren in de plaatselijke krant.

Als uw klantenkring zich uitbreidt, kunt u overwegen een partner bij uw professionele schoonmaakbedrijf te betrekken. Een partner versnelt het schoonmaakproces en stelt u in staat extra klanten in te plannen. Het hebben van een partner verhoogt ook uw veiligheid.

Immers, wanneer u een redelijke hoeveelheid tijd doorbrengt in het huis van een vreemde, is er altijd de mogelijkheid dat zich schadelijke scenario's voordoen. U moet altijd een mobiele telefoon hebben als u niemand kunt vinden om u te helpen.

Schoonmaakdiensten zijn een uitstekend weekendbedrijf om te starten. De meeste mensen die de hele week werken hebben een hekel aan het schoonmaken en inpakken van hun huis. Hier kunt u extra geld verdienen door het uitvoeren van kleine taken zoals de was en basis schoonmaakdiensten. U kunt per uur rekenen of wekelijkse schoonmaakdiensten in bundels aanbieden.

U kunt bijvoorbeeld $xx per uur vragen voor schoonmaakdiensten. U kunt vooraf betaald krijgen als de klant zich verbindt tot vier maandelijkse schoonmaakdiensten. Daarnaast kunt u een verwijzingsvergoeding ontvangen voor basisonderhoudsdiensten als het huis dat u schoonmaakt ook diensten als tapijtreiniging of sanitair nodig heeft.

6. Diensten voor residentieel schilderwerk.

Een van de voordelen van het runnen van een schildersbedrijf is de flexibiliteit die het kan bieden. Het is haalbaar om slechts drie tot vier dagen per week te werken en tussen de $ 50.000 en $ 600.000 per jaar te verdienen, gezien het hoge inkomstenpotentieel.

Huizen schilderen is een van de weinige recessiebestendige bedrijven die voor veel mensen financiële zekerheid binnen bereik kan brengen. Er zijn geen formele opleidingseisen, en alleen fundamentele schilder- en zakelijke vaardigheden zijn vereist voor succes. (De meeste van die kan worden geleerd met de juiste thuisstudie cursus over het ontwikkelen van een schildersbedrijf.)

Typisch, een huis schilder heeft relatief minimale fysieke arbeid, die kan worden uitgevoerd door mannen, vrouwen en personen van elke leeftijd. Schilderen kan worden gebruikt als een full-time of part-time bron van inkomsten.

Naast de mogelijkheid om snel een professioneel inkomen te verdienen, geeft het bezitten van een schildersbedrijf de voldoening en trots die horen bij het zelfstandig en onafhankelijk zijn. En dan heb ik het nog niet eens over de onmiddellijke vreugde die je krijgt telkens als je een werk afrondt, weer een tevreden klant aan je lijst toevoegt en een flinke cheque op je steeds groeiende bankrekening stort. Het is een leuke job!

Besteed wat tijd aan het verwerven van informatie uit betrouwbare bronnen over het bevorderen van uw schilderij bedrijf en bieden en schatten verf projecten, of wat ik noem de "zakelijke kant" van het schilderij bedrijf.

Nieuwe schilderij ondernemers vragen me regelmatig: "Wat voor soort banen moet ik na te streven?" Dit is een marketinggerelateerde vraag. Mijn antwoord is altijd hetzelfde. Begin met het zoeken naar huis schilderen projecten. Ze zijn overvloedig en de eenvoudigste taken te schilderen, het aanbieden van enorme winstmarges en weinig overheadkosten.

De residentiële re-painting markt is niet te stillen, er is voldoende werk in dit deel van de schilderkunst om schilders bezig en winstgevend te houden voor het leven.

Een ander geweldig voordeel dat maakt het starten van een schildersbedrijf aantrekkelijk is dat je niet hoeft een aanzienlijke initiële investering. Een van de meest voorkomende mythen over het uitbreiden van een lucratieve schilderij bedrijf is dat je moet investeren duizenden dollars in de reclame om klanten te krijgen.

U kunt bouwen aan een bloeiende schilderij bedrijf alleen op basis van verwijzingen met bijna geen traditionele promotie. Dit is niet waar, vooral als u zich richt op residentiële touch-ups. Zelfs iemand die begint vanaf nul kan krijgen hun schilderij bedrijf up and running en produceren geld in zeven dagen of minder op een budget zo laag als $ 250.00 met een aantal eenvoudige procedures.

Dit zijn een paar redenen waarom de oprichting van een schilderij bedrijf wekt de belangstelling van zo veel mensen en waarom het consequent behoort tot de grootste kleine bedrijven te starten.

Als je een kwast en een vrij weekend, kunt u beginnen met een huis schilderen service voor ouderen of makelaars die willen opknappen hun klanten 'huizen voordat ze verkopen. Je beseft nooit hoeveel meer gezag je kunt afdwingen door gewoon een kamer opnieuw te schilderen.

Dit is een eenvoudig maar effectief bedrijf dat u kunt beginnen door het plaatsen van flyers in uw buurt of contact opnemen met makelaars waarvan de contactgegevens kunnen worden gepubliceerd naast hun eigenschappen te koop als ze schilders nodig hebben om op te knappen hun eigendom alvorens deze te presenteren aan potentiële kopers.

7. Hondenuitlaatservice.

Een hondenuitlaatservice kan een leuke en lucratieve manier zijn om thuis geld te verdienen. Een professionele hondenuitlater loopt regelmatig de honden van klanten uit, alleen of in groepen. Er is een groeiende vraag naar deze diensten omdat veel gezinnen drukke schema's hebben en hun honden niet kunnen uitlaten omdat ze de hele dag weg zijn. Oefening is cruciaal voor een goede verzorging van huisdieren, en veel eigenaren van huisdieren vertrouwen op hondenuitlaters voor hulp.

Het starten van een hondenuitlaatbedrijf heeft vele voordelen. Echte affectie voor honden en het fysieke uithoudingsvermogen om de honden uit te laten zijn de enige vereiste vaardigheden. Toewijding en betrouwbaarheid aan uw hondenuitlaatschema zijn cruciaal. U kunt veel informatie vinden over hondenverzorging en hondengedrag in boeken of op aanverwante websites in uw plaatselijke bibliotheek.

Uw opstartkosten zijn bescheiden. Mogelijk moet u veel hoogwaardige riemen, uitwerpselenscheppers, en zakken aan te schaffen. De aanschaf van een aansprakelijkheidsverzekering wordt meestal aanbevolen. Ook kunt u uw gezondheid en fitness behouden terwijl u geld verdient! Met een hondenuitlaatservice zijn uw bedrijfskosten laag, en het winstpotentieel hoog.

Voordat u dit thuisbedrijf begint, moet u een paar details regelen. U moet uw dagelijkse routes en wandelingen plannen. Bepaal de beste plaatsen om de honden uit te laten en stippel routes van dertig minuten uit. U moet uw tarieven vaststellen. Zoek uit wat andere hondenuitlaatbedrijven in uw omgeving rekenen voor hun diensten.

Kies het soort hondenwandelingen dat u gaat aanbieden, zoals privé- of groepswandelingen, het aantal wandelingen per week, enz. Als u net begint, kunt u relevante ervaring opdoen door als vrijwilliger honden uit te laten bij plaatselijke dierenasielen en hondenreddingsorganisaties. Dit biedt u ervaring in het omgaan met een verscheidenheid aan honden en geeft u het vertrouwen en de geloofwaardigheid om honden-uitlaat banen die betalen te verkrijgen.

Het vinden van honden uitlaten banen met een beetje marketing en reclame budget is mogelijk. Het ontwerpen en afdrukken van opvallende en informatieve flyers is een kosteneffectieve methode voor het adverteren van uw huisdier diensten. Verspreid deze folders in uw gemeenschap om nieuwe klanten aan te trekken.

Post posters in kantoorgebouwen en pensionering gemeenschappen aan de drukke professionals en senioren die waarschijnlijk een hond wandelaar te bereiken. Vakantiegangers hebben vaak behoefte aan de diensten van een hondenuitlaatservice. Post uw flyers op gemeenschappelijke prikborden.

Dierenarts kantoren, huisdier verzorging diensten, en huisdier aanbod winkels zijn andere nuttige locaties voor het plaatsen van flyers. Als u een uitstekende en betrouwbare service, zult u versteld staan van het aantal verwijzingen die u ontvangt na het verkrijgen van uw eerste klanten.

Dit is een geweldige plek om te werken als je van honden houdt en punctueel bent. U kunt beginnen met het ophangen van posters op het prikbord van de gemeente of buren en vrienden om referenties vragen. Bijvoorbeeld, als u een hond uitlaat voor $x, kunt u vragen of de eigenaren u toestaan hun andere hond tegelijkertijd uit te laten.

U kunt uw inkomsten op deze manier snel verdubbelen. U kunt extra inkomstenstromen toevoegen aan deze business door het verkrijgen van verwijzingen voor dierverzorging diensten of het schrijven van artikelen voor tijdschriften catering aan huisdiereigenaren voor een nominale prijs.

De eerste stap naar een succesvol bedrijf is actie ondernemen en beginnen. We hebben u dit weekend vijf ideeën gegeven om uw interesse te wekken en u in beweging te krijgen.

8. Automatenbedrijf.

Ah! De handel in automaten! Wat trekt mensen hierin aan? Zeker, er is geld te verdienen, en het feit dat het een cash-only business is maakt het veel aantrekkelijker. Ik bedoel dat er geen facturen worden gestuurd naar bedrijven. Gewoon de machines bijvullen en het geld opnemen!

Er zijn enkele overwegingen die u moet maken voordat u zich erin stort, ook al klinkt het fantastisch en is het dat ook. Een ding om te onthouden is dat het een bedrijf is dat enige inspanning en bekwaamheid vereist.

Werk en deskundigheid gaan hand in hand. Het is eenvoudig om een frisdrankautomaat bij te vullen. Na een paar keer iets gedaan te hebben, wordt het eenvoudig, maar hoe zit het met het bepalen van plaatsen voor uw automaat plaatsing?

Dit is het aspect van deskundigheid waar ik het over had! Het vergt geduld en doorzettingsvermogen om de plaatsen te vinden en de verkoop te beklinken. Er is een procedure die plaatsvindt vanaf het moment dat u uw prospect ontmoet of contact opneemt tot het moment dat u uw automaten installeert.

Deze transformatie gebeurt niet van de ene dag op de andere! Het kan een week of vele maanden duren. Dat hangt vooral af van de termijn waarbinnen uw prospect uw automaten wil inzetten.

Maar als u uw prospect vasthoudt als lijm, hem blijft opvolgen en ervoor zorgt dat hij de informatie krijgt die hij van u nodig heeft, zult u meer verkopen sluiten dan u zich kunt voorstellen!

Kunt u een oplossing vinden voor hun dilemma?

Kunt u iets anders doen dan alle anderen? Doe essentieel onderzoek voordat u een automaat koopt. Zo voorkomt u veel hoofdpijn onderweg.

Dit bedrijf kan u helpen onafhankelijk te worden als u op de juiste manier begint. Lees dus alles wat u kunt en doe zo veel mogelijk onderzoek voordat u er halsoverkop aan begint!

Sommige mensen zijn het slachtoffer geworden van oplichters die u te dure machines willen aanbieden en u uw zuurverdiende geld afhandig willen maken. Laat u niet misleiden!

Zoek een betrouwbare distributeur van automaten in uw omgeving en koop bij hen voordat u eenheden op een seminar koopt. Begin met het bouwen van één machine tegelijk en leer al doende.

Als u geen gevestigde automatenroute koopt, zal het ontwikkelen van uw bedrijf enige tijd in beslag nemen.

Wat als ik u zou vertellen dat als u doorzet en u zich één voor één wijdt aan het uitbreiden van uw verkoopbedrijf, u misschien meer verdient dan met uw voltijdse baan?

Sta me toe een klein verhaal te vertellen.

Ik werkte fulltime als stadsbuschauffeur toen ik in deze branche stapte. Tijdens de overgang naar een nieuw werkterrein vroeg een collega me de verantwoordelijkheid op me te nemen voor het herladen van de frisdrankautomaat op kantoor.

Ik merkte meteen dat ik 75 tot 100 dollar per week verdiende door consequent een paar kratten frisdrank te verkopen. Dit wekte mijn interesse! Daarom nam ik contact op met een distributeur van automaten die mij automaten kon verkopen.

Hier begon alles voor mij toen ik parttime begon te werken. Ik ging van zaak naar zaak, klopte op deuren en vroeg toestemming om een frisdrankautomaat te installeren.

Aangezien we al machines hebben, moet ik toegeven dat ik enkele negatieve reacties kreeg. Maar, en dit is een grote maar, een paar mensen zeiden ja! Dus, terwijl ik van plaats naar plaats verhuisde, breidde ik geleidelijk mijn zaak uit, machine voor machine.

Toen het bekend werd dat ik zaken deed, begon ik referenties te krijgen. Toen begon ik mijn bedrijf naar een hoger niveau te tillen door mijn winst te herinvesteren en reclame te maken voor mijn doelgroep.

Dat was wanneer de dingen vorm begonnen te krijgen! Wanneer u uw prospects kunt benaderen, zodat zij eerst contact met u opnemen, sluit u meer transacties, krijgt u meer opdrachten en verdient u meer geld.

Dus hoe heb ik dit bereikt?

Met hard werken, doorzettingsvermogen en een "ik geef niet op"-mentaliteit kon ik dit bereiken. Ik zal u vertellen dat het bestuderen en onderzoeken van dit bedrijf op voorhand mij geholpen heeft om te slagen.

9. eBay & Craigslist.

Aanvankelijk waren eBay en Craigslist uitstekende middelen om onmiddellijk inkomen te verkrijgen. Meer dan drie miljoen mensen vertrouwen op eBay als hun primaire bron van inkomsten en primaire aanvoer van koopwaar. Sommige mensen verdienen extra geld door dingen van deze websites te kopen en ze tegen een hogere prijs door te verkopen. Waarom zou u deze optie niet onderzoeken?

Een website is ook een automatische geldmachine! Vanaf januari zag ik deze onderneming als "buiten mijn bereik". Ik had het zo mis! Iedereen kan een website maken en binnen enkele uren geld beginnen te verdienen! Dit concept moet u niet intimideren. Het is eenvoudig om een website te maken.

Ten slotte, als je niet graag om uw website te ontwikkelen, veel mensen zijn bereid om u te betalen om de markt van hen! Als u dit niet weet, gebruik dan een zoekmachine om "affiliate marketing" op te zoeken om meer te leren. Deze business kan tot duizend dollar per week verdienen zonder opstartkosten. Het geheim is het ontdekken van een programma dat betaalt om afhankelijk te zijn van een percentage van de verkoop.

Er zijn enkele laagbetaalde programma's, maar ook programma's die vele honderden dollars betalen voor elke verkoop. Voordat je je aanmeldt voor een affiliate programma, hoef je alleen maar de compensatiestructuur te onderzoeken en te bepalen of het de moeite waard is om te promoten. Dit biedt u de mogelijkheid om de door u gewenste winstgevende onderneming op te bouwen. Besteed een dag aan het onderzoeken van deze mogelijkheid.

10. Swap ontmoet marketing.

Er zijn regelmatig vlooienmarkten en ruilmarkten in steden en dorpen in het hele land, die elk honderden, zo niet duizenden koopjesjagers aantrekken.

Ze kunnen worden gehouden in het plaatselijke drive-in theater, op grote parkeerplaatsen, pakhuizen, parken of buurthuizen - overal waar voldoende ruimte is om kraampjes op te zetten en publiek te trekken.

Meestal worden deze wedstrijden in het weekend gehouden, hoewel ze in andere regio's op donderdag kunnen beginnen en vier dagen kunnen duren. Ruilbijeenkomsten en rommelmarkten zijn onderhoudend, lucratief, en een geweldige manier om een bedrijf op te zetten. Veel mensen die begonnen zijn met de verkoop van ruilbijeenkomsten zijn doorgegaan met het opzetten van Gift Shops of Postorderbedrijven van aanzienlijke omvang.

Volgens het FAR HORIZONS Business Coaching team bestaan er drie unieke soorten ruilbijeenkomsten.

Opmerking: (Voor de eenvoud, vanaf dit punt, wanneer we verwijzen naar "Swap Meets," bedoelen we ook vlooienmarkten, ambachtelijke beurzen, en soortgelijke evenementen, zoals hieronder uitgelegd.)

1. Outdoor ruilbijeenkomsten.

Qua koopwaar zijn deze typisch divers. Er is van alles te vinden, van dure stereo-installaties tot designerjuwelen en gezinnen die de garage van tante Emma leeghalen met oud gereedschap, speelgoed en andere onderdelen. Meestal trekken deze evenementen mensen aan die aanzienlijke kortingen en aanbiedingen zoeken.

2. Indoor "winkelcentra."

Deze trekken doorgaans een meer ervaren type marketeer aan. De exposities zien er meestal ordelijker uit en de kwaliteit van de koopwaar is vaak hoger op het hele evenement. Er kunnen stands zijn in plaats van tafels, en elke marketeer geeft er de voorkeur aan zich te specialiseren in bepaalde productgebieden.

3. Handwerkshows.

Deze kunnen binnen of buiten worden gehouden, als onderdeel van een plaatselijk carnaval of in parken, evenementen voor fondsenwerving, provinciale beurzen of andere evenementen van soortgelijke aard. Gewoonlijk tonen verkopers hun artikelen vanuit kraampjes en afhankelijk van de regio. De mogelijkheden variëren van zelfgemaakt tot duur (of zelfgemaakt en duur).

Vergeet dit niet bij het inpakken voor de swap meet.

Door de jaren heen hebben tientallen succesvolle Swap Meet verkopers ons verteld dat de twee meest essentiële dingen die je mee kunt nemen zijn:

1. Een optimistische instelling.

2. De bereidheid om te onderhandelen en "het spel mee te spelen."

Een lid zegt: "Mensen komen naar Swap Meets in de hoop op een deal en gaan omdat het leuk is. Ik blijf dus positief en ben altijd bereid om te onderhandelen.

Ik heb een bodemprijs in gedachten en ga daar nooit onder, maar ik ben altijd bereid een beetje te onderhandelen over het oorspronkelijke vraagbedrag. Zo is mijn koper tevreden met de aankoop en behoud ik een gezonde winstmarge. Daar profiteren we allebei van."

Ongeacht het type Swap Meet, dat u in eerste instantie kiest om te organiseren. U moet een paar eenvoudige, fundamentele stappen doen voor, tijdens en na het evenement.

Laten we beginnen met. Nou, dit is het begin!

HIER ZIJN EEN PAAR DINGEN DIE JE MOET DOEN VOORDAT JE BEGINT.

1. Als u het nog niet weet, zoek dan uit waar de plaatselijke ruilbeurs is. Dat moet niet al te moeilijk zijn, want ze adverteren in plaatselijke kranten en gratis publicaties in de rekken van buurtwinkels.

Kleinere bijeenkomsten adverteren misschien niet, maar je zou ze moeten kunnen vinden door contact op te nemen met nabijgelegen drive-ins of door het telefoonboek door te spitten.

2. Ga vervolgens persoonlijk op verkenning bij de concurrentie. Bekijk de tafels en stands vanuit het perspectief van een marketeer. Wat hebben de handelaren? Nog belangrijker, wat hebben ze niet? Wat zijn hun prijzen?

3. Reserveer een tafel (of een stand, naargelang het geval). Neem contact op met de meeting manager; hij of zij zal u voorzien van prijsinformatie en een lijst van de regels en beperkingen waaraan u zich moet houden bij het verkopen op de meeting.

Afhankelijk van de bijeenkomst variëren de kosten voor het huren van ruimte op een Swap Meet van een paar dollar per dag tot veel meer. Probeer te beginnen op een goedkope, drukbezochte bijeenkomst om uw eerste financiële uitgaven te minimaliseren.

4. Selecteer uw gewenste artikelen. De medewerkers van Business Coaching bij FAR HORIZONS stellen voor om te beginnen met $450 tot $750 aan koopwaar (dat zijn uw werkelijke kosten).

5. Bereid uw andere benodigdheden voor.

Afhankelijk van het evenement moet u het volgende of een deel ervan meenemen:

1. Minimaal één klaptafel.

2. Een geldkistje bevat dollars en wisselgeld.

3. Opvouwbare stoelen

4. Een smetteloos tafelkleed.

5. Een enorme paraplu, zeil of andere bescherming tegen de zon voor je klanten (en jezelf).

6. Wat doorzichtig plastic om je spullen te beschermen tegen neerslag (uiteraard geldt dit voor outdoor bijeenkomsten).

7. Een gele prijslijst zodat je de bodemlijn bepaalt wanneer het tijd is om te onderhandelen.

8. Veel visitekaartjes.

9. Enkele catalogi, brochures, New Arrivals flyers, of ander promotiemateriaal om de verkoop te helpen verhogen.

10. Een klantenorderboek waarin je bonnen kunt schrijven en de namen, adressen en telefoonnummers van klanten kunt noteren.

11. Een rekenmachine.

12. Een rubberen stempel voor het endosseren van cheques.

BELANGRIJK.

Doe er alles aan om zoveel mogelijk informatie over elke consument te verzamelen. Probeer naast de naam, het adres en het telefoonnummer ook het e-mailadres, het faxnummer en de creditcardgegevens van de klant te verkrijgen, mits u een handelsrekening hebt.

DE GROTE DAG KOMT ERAAN.

Als je goed voorbereid bent, zal de dag van de wedstrijd vrij goed verlopen. Zeker, je zult veel werk te doen hebben, maar je zult ook plezier hebben - vooral wanneer je begint met verkopen en geld verdienen!

Dit is wat je moet doen op je eerste dag op een ruilbeurs:

1. Zet de wekker uit, word wakker, douche, en kom in beweging (we zeiden toch dat dit een stapsgewijze instructie was?).

2. Als je op de bijeenkomst aankomt, zoek je je plek en stel je hem op. Uw programmavideo geeft voorbeelden van de juiste en onjuiste opstelling. Oefen je opstelling thuis om de meest visueel aantrekkelijke tentoonstelling te plannen voordat je aankomt op de conventie.

3. 3. Bepaal uw "bottom line" of de laagste aanvaardbare prijs voor elk item. Onze Business Coaching medewerkers suggereren 1,5 keer uw kosten als een goede vuistregel.

4. Bereid u voor op het accepteren van cheques. Controleer het huidige adres en telefoonnummer en vermeld indien mogelijk een rijbewijs of identificatienummer op de cheque. Veel consumenten geven de voorkeur aan deze betaalmethode, en verkopers melden een verwaarloosbaar aantal "slechte" cheques.

5. Van elke klant moeten naam, telefoonnummer, faxnummer en e-mailadres (zoveel mogelijk) worden vastgelegd.

6. U kunt een partner nodig hebben om de kassa te bedienen terwijl u de verkoop afhandelt.

Na afloop van een Swap Meet en voordat de volgende begint, zijn er een paar essentiële taken te verrichten.

1. Maak uw mailinglijst aan door alle verzamelde namen van consumenten aan uw mailinglijst toe te voegen. Deze zullen na verloop van tijd een integraal onderdeel worden van uw follow-up marketingactiviteiten.

2. Plan/implementeer mailings - Gebaseerd op de grootte van uw lijst, zult u moeten beginnen met het versturen van follow-up mailings naar uw klanten.

Dit omvat de grondbeginselen van Swap Meet Marketing, maar het belangrijkste is dat u zich vermaakt. Veel verkopers betrekken graag hun gezin (inclusief hun kinderen) en brengen kostbare tijd door met het werken aan een gemeenschappelijk doel in het weekend.

Swap Meet marketing is onderhoudend, lonend en kan worden bereikt met slechts een paar uur per week inspanning. Een handvol verkopers mengt zaken met plezier door van Swap Meet naar Swap Meet te reizen in het hele land. Zij gebruiken de winst van elk weekend om hun reis te financieren en andere producten te kopen voor de volgende bijeenkomst!

11. Babysitten.

Als moeder heeft iedereen behoefte aan een dag weg van zijn kinderen en de eisen van het dagelijks leven; daarom kun je inspelen op het verlangen van andere moeders naar tijd alleen. Geloof geen seconde dat je alleen bent, want dat ben je niet. Veel moeders kunnen hun kinderen niet uitstaan; als dit jou beschrijft, kun je precies zijn wat ze zoeken.

Oppassen in een winkelcentrum kan zowel vermakelijk als lucratief zijn. Soms zijn drukke shoppers het beu om hun kinderen van winkel naar winkel te slepen. En soms willen de kinderen alleen maar een kort dutje doen.

Als je ervaring hebt met babysitten of een kinderdagverblijf hebt gerund, kun je plezier hebben en gemakkelijk geld verdienen door op kinderen te passen terwijl hun ouders in het winkelcentrum winkelen. U hoeft alleen maar de diensten van het winkelcentrum te benaderen; er zijn bijna altijd lege winkels, en het winkelcentrum heeft een uitstekende beveiliging.

De winkel kan gemakkelijk monitoren installeren om de veiligheid van de kinderen te garanderen. Ze kunnen ook regelen dat er een veiligheidsagent aanwezig is. Ze zullen blij zijn dat ze ouders kunnen overhalen om te winkelen, en jij zult een leuke tijd hebben en gemakkelijk geld verdienen met het kijken naar kinderen.

Kinderen zijn moe van het naar de winkel brengen, hongerig en prikkelbaar. Een veilige locatie voor ouders om hun kinderen achter te laten terwijl ze winkelen zou een geweldige troost zijn.

Maak een kopie. Wanneer ouders hun kind afzetten, maak dan een kopie van hun rijbewijs, en wanneer ze terugkomen om hun kind op te halen, moeten ze het origineel laten zien. Dit zal u en het winkelcentrum beschermen.

Als het winkelcentrum camera's installeert in de winkel, kan niemand u beschuldigen van wangedrag. De kinderen hebben een prettige onderbreking. En jij verdient geld terwijl je plezier hebt.

Probeer wat ik deed als je onmiddellijk of binnen het uur geld nodig hebt. Ik verdien vandaag meer geld dan in mijn vorige zaak, en dat kan jij ook, als je op onderstaande link klikt en het ongelooflijke waargebeurde verhaal leest. Ik was slechts tien seconden achterdochtig nadat ik lid was geworden voordat ik wist wat dit was. U zult ook stralen van oor tot oor, zoals ik was.

12. Supper verkopen.

Dit kan toestemming vereisen, maar het is niet erg. Elke moeder weet dat het weekend haar vrije tijd is om te koken; daarom moet je maaltijden bereiden en bezorgen bij de gezinnen die je in de rij hebt staan.

In een gewoon weekend kun je vele honderden dollars winst maken, en het mooiste is dat je nooit je huis uit hoeft, behalve voor het bezorggedeelte.

13. Betaalde enquête.

Met een online weekendbaantje kun je $200 of meer verdienen zonder ooit je huis te verlaten. Het mooiste is dat er geen sollicitatieprocedure of dergelijke onzin aan te pas komt. Je werkt gewoon zoveel als je wilt, en het geld dat je verdient wordt op je rekening gestort zodra het werk klaar is.

Veel mensen die ontdekt hebben dat ze het extra geld van een online weekendbaantje leuk vinden, ontdekken nu dat ze meer verdienen dan bij hun gewone baan. Met slechts een paar uurtjes in het weekend is nog eens $250 of meer verdienen haalbaar. Als je dit consequent op zaterdag en zondag doet, heb je aan het eind van de maand een extra $2.000 om rekeningen mee te betalen of jezelf te vermaken.

Je moet echter oppassen voor bedrijven die je proberen over te halen om geld te betalen om geld te verdienen. Laat je hierdoor niet misleiden. Legitieme websites met weekendbaantjes vragen geen vergoeding. Ze moeten u compenseren.

Betaalde enquêtesites behoren tot de meest flexibele en populaire online weekendjobsites. Veel bedrijven en industrieën proberen altijd feedback van klanten te krijgen, maar het is te duur om uitgebreid marktonderzoek te doen. Daarom betalen zij personen $5 tot $50 om een internetenquête te houden.

Omdat het invullen ervan slechts 5 tot 15 minuten duurt, is het eenvoudig om op één dag een groot aantal enquêtes in te vullen, waardoor mensen meer dan $250 per dag kunnen verdienen door simpelweg hun mening te delen.

Aanmelden bij een gratis betaalde enquêtesite, zoeken in de database naar de best betaalde enquêtes en het formulier invullen zijn de enige vereisten. Zodra u op de verzendknop klikt, worden uw verdiensten onmiddellijk overgemaakt naar uw bankrekening of PayPal-rekening.

14. Verkoop ruimte voor reclame op uw blog.

Als u een website of blog hebt, kunt u ander geld verdienen door er advertentieruimte op te verkopen. Dit weekend kunt u veel internetreclamenetwerken toepassen om hun advertenties op uw website te plaatsen.

Google AdSense is een van de meest prominente advertentienetwerken. Na het indienen van een aanvraag en het hebben van uw website goedgekeurd, ontvangt u een code te kopiëren en te plakken om relevante inhoud advertenties weer te geven.

U verdient geld wanneer een bezoeker op een advertentie klikt. Andere advertentienetwerken waarvoor u zich kunt aanmelden zijn Chitika en TextLinkAds. U hoeft alleen maar op Google te zoeken naar meer advertentienetwerken.

Bovendien, als je al een nieuwsbrief verspreiden naar uw lezers regelmatig, kunt u andere inkomsten te maken door de verkoop van sponsoring of advertentieruimte op uw nieuwsbrieven. Bijvoorbeeld, als uw nieuwsbrieven over hondentraining gaan, kunt u een lokale of online dierenwinkel benaderen voor sponsoring in ruil voor een advertentie in uw nieuwsbrief.

15. Affiliate marketing.

Heb je je ooit afgevraagd hoe je snel geld kunt verdienen met affiliate marketing? Vandaag is het zover. In dit essay zal ik affiliate marketing definiëren en uitleggen hoe je er maximaal geld mee kunt verdienen.

Nadat je mijn geheime strategieën hebt geleerd en begrijpt hoe je geld kunt verdienen met affiliate marketing, kan ik je garanderen dat je nooit meer een gewone baan zult zoeken. Want affiliate zijn is zo voordelig, en je mag zelf kiezen wanneer je werkt en wanneer je vrije dagen opneemt.

Stel je voor dat je vier uur per dag werkt, zoals ik met een computer en een internetverbinding. Je kunt werken vanaf elke locatie op aarde!

Hoe werkt dit affiliate programma?

Als affiliate bent u in wezen de bedrijfseigenaar, maar u hoeft geen producten te ontwikkelen, op te slaan of te verzenden. Het bedrijf dat het affiliate programma levert, doet al het andere. U hoeft zich zelfs geen zorgen te maken over de klantenservice, omdat elk sterk netwerk daar al over beschikt.

Daarom is uw enige verantwoordelijkheid het maken van gerichte bezoekers voor de affiliate aanbiedingen. Als u al eens hebt geprobeerd aan internet marketing te doen, zult u merken dat het vrij eenvoudig is. Het is niet bijzonder moeilijk.

U kunt deze actie uitvoeren als u ooit iets hebt aanbevolen aan een vriend, misschien een restaurant of een film te zien. Het enige verschil is dat u wordt gecompenseerd voor elke verwijzing die u maakt.

Er zijn een paar eenvoudige stappen nodig om geld te verdienen als affiliate:

U moet eerst het product kiezen dat u wilt promoten. Daarna moet u een aanbod ontwikkelen. Begin met gratis webpublicaties zoals Squidoo of Blogger. Ze zijn uiterst gebruiksvriendelijk en scoren uitstekend in zoekmachines.

Nadat u klaar bent, kunt u beginnen met het promoten van uw Squidoo pagina met behulp van artikel marketing, video marketing, social bookmarking, en andere technieken.

Zodra deze promotiestrategieën online zijn, kunt u een bepaalde hoeveelheid verkeer naar uw gratis aanbod websites verwachten. Nu is het tijd om te ontspannen en het internet wat geld voor je te laten verdienen.

Volgens mij is er niets eenvoudiger te leren dan inkomsten genereren met affiliate marketing. Daarom heb je niets te verliezen door het te proberen.

Veel grote organisaties staan te popelen om aanzienlijke cheques uit te schrijven aan personen die met succes hun producten of diensten promoten. Als u eerder internetartikelen of -diensten hebt gebruikt of gekocht en kunt getuigen van de kwaliteit ervan, kunt u online een aanzienlijk inkomen verdienen.

U ontvangt een vergoeding wanneer mensen op uw links klikken en een aankoop doen. Auteur Rosalind Gardner is een van de succesvolle affiliate marketeers die overstapte naar fulltime internet business. Haar boek "Make a Fortune Promoting Other People's Stuff Online" is getiteld "Make Huge Income Promoting Other People's Stuff Online". Ze verdient consequent zes cijfers online vanuit huis.

16. Online veilingmeester.

U kunt items veilen die u zelf hebt gemaakt, zoals kerstkaarsen of zelfgemaakte zeepjes. Andere items die u online met winst kunt doorverkopen zijn goedkope items die waarde toevoegen. Als u bijvoorbeeld goedkoop origamipapier hebt gevonden, kunt u er een eBook over origami-ontwerpen bij doen en het papier en het eBook veilen op sites als eBay.

Als u succesvol bent als veilingmeester, kunt u fungeren als "handelshulp" voor anderen die hun sites willen verkopen. Op die manier kunt u online andere inkomsten verdienen naast uw veilinginkomsten.

Het starten van een weekendbedrijfje verstoort de levensstijl van de meeste mensen niet en kan in de toekomst tot grotere inkomsten leiden. Naast het verhogen van uw inkomen, kunt u vitale zakelijke vaardigheden opdoen via een weekendbedrijf.

17. Freelancing.

Bedrijven van alle soorten hebben schrijvers nodig, maar geven er vaak de voorkeur aan het werk uit te besteden in plaats van de hoge kosten te betalen die gepaard gaan met het in dienst nemen van voltijds personeel. Het internet is een uitstekende bron om dit soort werk te vinden.

Het grappige is dat je geen ervaren schrijver hoeft te zijn. Als je samenhangende zinnen kunt schrijven en een beetje onderzoek kunt doen, kun je vaak zonder problemen een freelance schrijfproject afronden als je over deze vaardigheden beschikt. Heb je enige schrijf- of grappige ervaring? Nog beter.

Ongeacht uw vaardigheidsniveau zijn er mogelijkheden voor werk in het weekend. Zoek online naar "freelance schrijfjobs".

18. Ontvang contant geld voor uw elektronica.

Verwijder al uw verouderde mobiele telefoons, digitale camera's, laptops, MP3-spelers, films en camcorders. Ze worden gezocht door een firma genaamd Gazelle, die zelfs de verzending betaalt.

Ik ontdekte een verbazingwekkend feit op hun website: ze betalen hun klanten gemiddeld 115 dollar. Dit is een prachtige weekendbonus voor de tijd die het kost om uw spullen te vinden en in te pakken.

19. Werk in Auto Detailing.

Autodetailing kan de perfecte weekendbaan voor u zijn als u in het weekend ander geld wilt verdienen en graag aan auto's werkt.

Het kan relatief betaalbaar zijn om een auto detailing bedrijf te starten, en het kan ook lucratief zijn. U kunt een betrouwbare en consistente bijbaan hebben met slechts een paar frequente betalende klanten. Als u graag aan auto's werkt, kunt u deze activiteit niet eens als "werk" beschouwen.

Als u niet bekend bent met gedetailleerd werk, moet u zich hierover informeren. Ga naar uw plaatselijke boekhandel of bibliotheek en lees een aantal handboeken over auto-detailleren of schrijf u in voor een cursus - u kunt online zoeken naar hogescholen.

20. Taart beeldhouwen.

Een zaak beginnen in taartdecoratie kan heel leuk zijn als u kunt bakken en creatief bent. Als je een creatieve flair hebt, zul je klanten aantrekken die jouw unieke taarten willen (die ze nergens anders kunnen krijgen). Mensen zijn geneigd meer geld uit te geven aan anderen dan aan zichzelf, en onderscheidende dingen waar veel mensen van kunnen genieten leveren doorgaans meer omzet op.

21. Dierlijke fotografie.

Fotografie is een lucratieve bedrijfstak, en huisdierenfotografie is een gespecialiseerde specialiteit die een aanzienlijke hoeveelheid concurrentie uitsluit. Als je wat cameravaardigheden hebt en een beetje fantasie, kun je versteld staan van het succes van dit "kleine bedrijfsconcept". Ik las onlangs een artikel over een succesvolle "niche" fotograaf die uitsluitend slapende baby's fotografeerde.

Maak een eenvoudige website en upload voorbeelden van je "huisdierenfotografie" werk, zodat potentiële klanten kunnen zien wat je doet. Vergeet niet dat huisdiereigenaren dol zijn op hun huisdieren; een kiekje van een huisdier met zijn baasje is prachtig. Een uniek verjaardagscadeau, kerstkaarten en zelfs een fotokalender voor huisdieren kan worden gemaakt.

22. Op maat gemaakte dingen.

Er zijn internetwinkels waar je maatwerk kunt aanbieden. Zij leveren de producten, terwijl u het ontwerp levert. U bent niet verplicht om vooraf producten te kopen of te betalen voor een website.

Klanten bezoeken deze websites (zoals Cafe Press) om goederen te kopen. Wanneer een koper een product met uw ontwerp bestelt, distribueert het bedrijf de goederen naar de klant en geeft u een percentage van de winst.

Pas op dat uw weekendwerk niet te lucratief wordt. Je kunt je baan opzeggen en een bedrijf beginnen met wat je leuk vindt.

23. Bijles.

In het huidige economische klimaat is het voor veel mensen moeilijk om rond te komen. Om de goederen die we nodig hebben te kunnen betalen, moeten velen van ons een tweede baan of een weekendbaantje nemen, ook al zijn we in loondienst. Er zijn eenvoudige deeltijdse weekendberoepen die iedereen kan uitvoeren. Deze pagina schetst enkele toegankelijke arbeidsmogelijkheden.

Fondsenwerving voor een non-profit organisatie is een waardevolle, goedbetaalde parttime baan. Mensen met sterke communicatie- en marketingvaardigheden kunnen aan de slag als parttime fondsenwerver. U kunt geld verdienen en tegelijkertijd mensen in nood helpen. Het primaire doel is om liefdadigheidsbijdragen van individuen te werven.

Een bijlesbedrijf is een andere uitstekende optie om extra geld te verdienen. Deze parttime baan is voordelig omdat het eenvoudig is om klanten te krijgen. U kunt de plaatselijke school benaderen of ouders vragen of zij hun kind bijles willen geven in een bepaald vak.

Na een tijdje zult u andere consumenten verwerven omdat ouders en kinderen anderen in nood over uw dienst zullen informeren. U hoeft dus geen reclame te maken als u goed presteert.

U hoeft de deur niet uit. Online activiteiten waarvoor je wordt gecompenseerd zijn een andere uitstekende optie om in het weekend geld te verdienen. Een van de populairste op dit gebied zijn betaalde enquêtes.

Na registratie kunt u verbinding maken met de enquêtesite om de enquêtes in te vullen. Deze eenvoudige taak kunt u 's avonds na uw baan van 9 tot 5 uitvoeren, waardoor u meer geld kunt verdienen. U kunt elke maand aanzienlijk extra geld verdienen, afhankelijk van uw investeringstijd.

24. Detailen van voertuigen.

Dit soort werk is waarschijnlijk het gemakkelijkst en meest flexibel voor u. Het is een baan met een beloning die voldoende is om ongeveer 250 dollar per auto te verdienen (ongeveer 4 uur).

Je begint met het plaatsen van pamfletten onder de ruitenwissers van smerige maar als duur beschouwde auto's. Bovendien, als je een nieuwe borstel, emmer en vodden nodig hebt, kun je kapitaal uitgeven voor minder dan $50.

25. Behoud van commercieel eigendom.

Als u graag buiten werkt, is deze baan ideaal voor u. Veel grote bedrijven zoeken werknemers met deze ervaring. De beloning voor deze functie is vrij hoog. Naast een redelijke vergoeding krijg je ook gratis beweging en frisse lucht.

26. Levensonderhoud.

De meeste weekendbanen betalen zeer laag. Meestal worden badmeesters vergoed tegen het tarief van een gewone burgerlijke werknemer in de stad of gemeente waar ze werken, wat hoger is dan het minimumloon. Stel je voor hoe fantastisch je lichaamsbouw zal zijn! Je kunt het leren als je niet weet hoe je moet zwemmen.

Als je altijd al badmeester hebt willen worden, besluit dan om er je reserve inkomen van te maken als je al een baan hebt. De beweging zal fantastisch zijn, je hebt gratis toegang tot de faciliteiten, en je kunt urenlang dankbaar werk doen. Als je student bent, is het loon uitstekend, en wat een aanwinst voor je cv in de toekomst.

27. Stagehand voor een band of theatergroep.

Veel bedrijven bieden een vast tarief voor elke opdracht, ongeacht het aantal uren of de lengte van het weekend. Dit is misschien niet aantrekkelijk voor een 40-jarige instructeur die een hekel heeft aan rockmuziek, maar niet alle muziek is rock.

Stel dat je als kind erin slaagt roadie te worden voor een rockband; kudo's aan jou! Sommige symfonieën maken gebruik van parttime ondersteuning in het weekend wanneer hun vaste krachten vrij zijn. Soms hebben theatergezelschappen assistenten in dienst met dezelfde loonschaal.

28. Een auto-onderhoudsbedrijf beginnen.

De meeste mensen bezitten een auto. Maak gebruik van hun bezit door aan te bieden het hele voertuig te wassen, te stofzuigen en schoon te maken. U kunt meer in rekening brengen wanneer u diensten combineert (wassen, stofzuigen, ramen lappen, enz..).

29. Deelnemen aan een flessenactie.

Pak je pick-up en verzamel ongewenste flessen van deur tot deur. Veel mensen recyclen, maar het ontbreekt velen aan tijd om hun recyclebare materialen naar de flessenwinkel te brengen. Bied aan om het voor hen te doen en behoud de resultaten voor jezelf. Dit kan oplopen tot een aanzienlijk bedrag aan recyclebare goederen.

30. Houd een tuinverkoop.

Dit is de ideale gelegenheid om ongewenste spullen te verkopen en rommel te verwijderen. Plaats een advertentie in de plaatselijke krant, verspreid folders en organiseer uw tuinverkoop.

31. Het Krantenpapier.

Het bezorgen van kranten is nog een andere haalbare manier om in het weekend extra geld te verdienen. Je zou een beetje geld kunnen verdienen door meer tijd en energie te investeren. U kunt contact opnemen met uw plaatselijke krantendistributeur om te informeren naar de beschikbaarheid van bezorging in het weekend.

32. Tijdelijke tuinarchitect.

Als je aanleg hebt voor landschapsarchitectuur en design en gazons kunt opfrissen, is een baan als tuinarchitect ideaal voor jou. Tuinarchitectuur omvat het planten van bomen en bloemen, het leggen van graszoden en het ontwerpen van tuinen.

33. Een klein bedrijf beginnen.

Je kunt een bedrijfje opzetten dat alleen in het weekend of parttime draait. De onderneming kan variëren van het maken van gebak voor speciale gelegenheden tot glazenwassen. Glazenwassers verdienen een uurloon. Om een glazenwassersbedrijf te beginnen, moet je je richten op bedrijven die de dienst in het weekend nodig hebben, zoals restaurants en huizen.

34. Gebruik uw kennis.

Gebruik je informatie effectief. Ben jij een effectieve wiskundeleraar? Je hebt de mogelijkheid om wiskundeleraar te worden. U kunt uw diensten aanbieden als redacteur of docent als u het Engels beheerst. Laat uw vaardigheden voor u werken.

Naast de bovenstaande mogelijkheden kun je ook iets creatiefs en vermakelijks proberen om in het weekend geld te verdienen. Je zou rommelmarkten in de kerk of de plaatselijke gemeenschap kunnen organiseren of helpen bij het opzetten van beurzen en overdekte winkelcentra. Veel kopers wonen deze beurzen bij, en je zult zeker een aantal toegewijde klanten vinden.

35. Privé-vakantieverhuur.

Luxe vakanties op lange termijn zijn beschikbaar voor particulieren die zich een particuliere vakantiewoning kunnen veroorloven. Afhankelijk van de duur van hun reis bezetten tijdelijke huurders deze woningen meestal voor één tot twee weken.

De huizen zijn volledig ingericht met standaard meubilair, en particuliere vakantiewoningen hebben meestal een eigen bubbelbad of zwembad en een uitzonderlijk uitzicht. Als u eigendommen bezit die kunnen worden omgebouwd tot vakantiewoningen, moet u overwegen deze particulier te verhuren.

Bepaal eerst of uw eigendommen voldoen aan de eisen voor persoonlijke vakantieverhuur. Deze woningen moeten strategisch gelegen zijn in de buurt van commerciële centra, restaurants en toeristische attracties.

De nabijheid van uw huizen bij golfbanen, stranden, skigebieden of de bergen zal een extra verkoopargument zijn.

Bepaal of er een markt is voor gecategoriseerde vakanties voordat u begint met het opknapproces. Er moet een grote vraag zijn en een beperkte hoeveelheid particuliere vakantiehuizen in de omgeving van uw huizen.

Verkrijg de essentiële wettelijke documentatie voor vakantiewoningen. Renoveer en richt uw woningen in om ze zo comfortabel mogelijk te maken. Luxe privé vakantiehuizen moeten een kachel, open haard en zwembad bevatten.

Voeg afbeeldingen en een gedetailleerde beschrijving van uw woningen toe aan uw advertentie. Vermeld alle beschikbare activiteiten en openbare voorzieningen in de lijst van de buurt. U kunt uw aanbieding op gratis websites online zetten, gebruik maken van verhuurbedrijven, of, indien nodig, uw eigen website maken.

Op dit niveau is vakantieverhuur software nuttig omdat het helpt bij het afhandelen van reserveringen en woningen. U kunt het bedrijf zelfstandig runnen of een team inschakelen om u te helpen met het beheer van de huurrekeningen, het verlenen van huishoudelijke diensten, het uitvoeren van onderhoud en het adverteren van particuliere vakantiewoningen. U kunt ook gratis en eenvoudige pakketten aanbieden om reizigers aan te trekken.

HOOFDSTUK 5: FAVORIETE WEEKEND BAANTJES VAN STUDENTEN.

Om zich voor te bereiden op hun toekomstige carrière verspillen studenten hun vrije tijd niet langer aan online spelletjes, chatten en andere frivole activiteiten. Ze gaan op zoek naar werk in het weekend om hun inkomen te verhogen. De top drie van weekendberoepen waaraan zij de voorkeur geven is hieronder weergegeven.

Tutor.

Deze functie is ideaal voor studenten. Er is geen grote handigheid voor nodig. Tijdens het herzien van eerdere informatie, kunt u meer inkomsten maken. Vergeleken met andere banen is deze functie comfortabel en goed betaald.

Het kan niet alleen uw spraakvermogen en uithoudingsvermogen verbeteren, maar het kan ook helpen uw kennis te consolideren. Het belangrijkste is dat je werktijden bijna in het weekend of tijdens buitenschoolse uren zijn. Daarom zal het nooit academische bezigheden belemmeren.

Bediende of ober.

Het is populair om parttime werk te zoeken in fastfoodrestaurants zoals KFC en McDonald's. Zij huren vaak tijdelijk personeel in het weekend en op feestdagen. Vanwege het uurloon en de ploegendienst kunt u alleen in het weekend werken. Deze weekendbaan is niet bijzonder belastend, maar je moet wel een hoffelijke klantenservice bieden en kunnen omgaan met onverwachte situaties.

Stage.

Stages kunnen de toekomstige loopbaan van studenten ten goede komen. Studenten kunnen zichzelf voorstellen als ze aantoonbare expertise hebben in hun majors. Je stage kan soms echter onbetaald zijn. Verschillende werkgevers zullen je verschillend compenseren.

Uiteindelijk zijn je beroepservaring en je uitstekende praktische en praktische vaardigheden je belangrijkste troeven. Bedrijven, supermarkten, ziekenhuizen en openbare instellingen bieden doorgaans stagemogelijkheden voor studenten.

Wat doe je in het weekend? Vrienden bezoeken, winkelen, een feestje bijwonen of online spelletjes spelen? Misschien zijn al deze weekendactiviteiten uit de mode. Je kunt je aansluiten bij verschillende mensen die een weekendbaan vinden om hun weekend door te brengen.

HOOFDSTUK 6: VERDIEN $1.000 IN SLECHTS ÉÉN WEEKEND.

We hebben allemaal de koppen gezien op de voorkant van tijdschriften in de supermarkt die beweren dat het gemakkelijk is om in geen of weinig tijd buitensporige hoeveelheden geld te verdienen. En u hebt waarschijnlijk andere websites bezocht in uw zoektocht naar meer geld, websites waarop een luxueus herenhuis en exotische sportwagens op de oprit staan afgebeeld om het idee van moeiteloze rijkdom te creëren.

Ik heb de tijdschriften gekocht, de artikelen gelezen en heel wat van deze online programma's gekocht. Ze lijken je allemaal net genoeg te vertellen om aan de letter van de wet te voldoen, maar ze vertellen je nooit alles wat je moet weten om de hoeveelheid geld te verdienen die je volgens hen kunt verdienen, wat uiterst frustrerend is.

Ik wou dat iemand me eens vertelde "hoe" het moet! Verduidelijk het voor mij! Vereenvoudig het, zodat ik het kan begrijpen!

Dus dat is wat ik zal doen. Ik zal laten zien hoe het mogelijk is om in één weekend 1000 dollar te verdienen.

Dus, laten we beginnen.

Dit begint met verkopen. Beweer niet dat je niet kunt verkopen. Ik ben ervan overtuigd dat je dat wel kunt. Je verkoopt jezelf toch ook als je solliciteert? Hoewel dit HOOFDSTUK over verkopen gaat, is het niet het type dat je kunt verwachten. Mensen zullen al erkennen dat ze willen en nodig hebben wat je verkoopt, dus je hoeft ze niet te overtuigen om het te kopen. Er hoeft weinig verkocht te worden.

Als u een onbekende persoon kunt benaderen en zeggen: "Hallo. Hoe gaat het?" is het goed.

Ten tweede is er geld nodig om geld te verdienen. Het zou het beste zijn als je iets te verkopen had, want er is een investering nodig, maar de initiële investering hoeft geen honderden dollars te zijn. Ik begon met amper $200. (Ik erken dat zelfs $200 voor sommige mensen geld is; zo dacht ik er vroeger ook over). Sommige mensen beginnen met aanzienlijk minder.) maar het is moeilijk om geld te verdienen zonder het eerst uit te geven, nietwaar?

Ten derde, ik handel uitsluitend in gloednieuwe artikelen. Ik snuffel niet in kringloopwinkels, ga niet naar garage- en werfverkopen op zoek naar spullen om door te verkopen of duik niet in afvalcontainers.

Wat doe ik dan wel? Ik verkoop op rommelmarkten. Ik doe dit al tientallen jaren en heb een behoorlijk inkomen verdiend door alleen in het weekend te werken. (Ik grap met mijn vrienden dat mijn weekenden vijf dagen duren!)

Er komt geen raketwetenschap bij kijken. Ik koop producten tegen groothandelsprijzen en UPS levert ze aan mij. Ik breng ze op zaterdagochtend naar de rommelmarkt en stel ze aantrekkelijk tentoon op mijn tafels.

Als er klanten komen, begroet ik ze met een vriendelijk "Goedemorgen!" en begin een gesprek alsof ik ze al jaren ken. Ik complimenteer ze misschien met hun kledingkleur of iets dergelijks. Iedereen houdt van complimenten.

Ze zullen mijn tafels naderen om mijn waren te bekijken als ze mijn vriendelijkheid waarnemen. Ik let zo goed mogelijk op hun blik om hun belangstelling vast te stellen en beschrijf de voordelen van het artikel - wat het voor hen kan doen, hoe het hun leven gemakkelijker of beter kan maken, enz.

Dit gaat minder over marketing en meer over hulpvaardigheid. Gewoon glimlachen en hartelijk zijn.

Voor je het weet, pakken ze de artikelen op, bekijken ze nauwkeurig en beslissen zelf of ze de door mij vastgestelde prijs waard zijn. Het is het geval, en een verdere verkoop is gemaakt.

Ik hanteer redelijke prijzen. Ja, ik verhoog ze om een respectabele winst te maken, maar ik handhaaf mijn prijzen onder de detailhandel. Klanten weten wat andere winkeliers voor soortgelijke dingen vragen en houden van een goede deal.

Ik sta op de grootste, drukste vlooienmarkten, waar dagelijks 1.000 tot 5.000 klanten mijn stand passeren. Een percentage van die mensen zal stoppen en kijken, en een percentage van hen die stoppen en kijken zal een aankoop doen.

1000 dollar per weekend is gelijk aan 500 dollar per dag (tweedaags weekend). Ongeveer 33%, of $165, van de $500 aan inkomsten gaat op aan onkosten (huur van de ruimte en uw groothandelskosten van de artikelen + levering). Om dagelijks 500 dollar te verdienen, moet ik ongeveer 665 dollar per dag verkopen. Dat overtref ik vaak.

Om volledig transparant te zijn, ik heb niet slechts voor $200 aan artikelen beschikbaar. Ik heb tussen de $1.500 en $2.000 aan goederen (tegen mijn groothandelsprijs). Ik begon mijn bedrijf met slechts $200 omdat dat alles was wat ik me kon veroorloven, en ik herinvesteerde de opbrengst door meer artikelen te kopen en mijn bedrijf uit te breiden. In een paar maanden tijd verdiende ik op één dag 800 dollar.

Ik verhoog mijn producten met ongeveer drie keer de groothandelsprijs. Als ik $1 voor een artikel heb betaald, verkoop ik het voor $3 tot $4. Als ik er $10 voor heb betaald, reken ik er $30 tot $40 voor. De meeste klanten kopen meerdere artikelen terwijl ze daar zijn. Ik maak gemakkelijk vele honderden verkopen per dag.

Dus. Is dit wishful thinking? Nee.

Werkt het? Ja!

Kun je het doen?

Ik denk dat je het antwoord al weet.
In deze tijd hebben veel mensen werk in het weekend nodig. Richt je op een baan die goed betaalt en je weekend aangenamer maakt in plaats van saai.

HOOFDSTUK 7: STAPPEN OM SNEL EEN WEEKENDBAAN TE VINDEN.

Het leven is onvoorspelbaar, en je kunt snel weekend- of deeltijdwerk nodig hebben. Hier zijn zeven stappen die consequent resulteren in weekendwerk in de kortste tijd.

Stap 1: bepaal uw interesses en sterke punten.

Je kunt denken, maar de positie is parttime! Dat is waar. Maar veel deeltijdbanen zijn voltijds geworden wanneer ze samenvallen met wat iemand inspireert of wat een sterk punt is van het individu.

Bovendien, waarom zou je je weekends verspillen aan iets wat je niet leuk vindt als je alternatieven hebt? Maak een snelle inventarisatie van uw hobby's, sterke punten en waar u echt goed in bent, en u bent op weg om een leuke baan te vinden.

Stap 2: Voorbereiden.

De voorbereiding omvat een cv en andere details, zoals het hebben van voicemail om ervoor te zorgen dat iemand je kan bereiken. Je cv hoeft niet uitgebreid te zijn, maar moet je meest relevante vaardigheden en ervaringen belichten en mensen aanspreken die je interesses en vaardigheden delen.

Voorbereiding houdt in dat je referentiegegevens, informatie over vroegere en huidige tewerkstelling en andere informatie die een potentiële weekendwerkgever snel nodig kan hebben, bij de hand moet hebben.

Bepaal ook van tevoren welk soort werk je wel en zeker niet wilt aanvaarden en waarom, de uren die je bereid bent op te offeren, de afstand die je bereid bent af te leggen voor weekendwerk, en eventuele andere beperkingen. Onderscheid het wenselijke van het niet-onderhandelbare, en wees je ervan bewust waarom je zulke strikte grenzen hebt vastgesteld. Bescherm uw omgeving.

Stap 3: Online een aanvraag indienen.

Zoeken naar parttime werksites en solliciteren naar alle relevante functies.

Stap 4: Solliciteer van aangezicht tot aangezicht.

Nadat u hebt gesolliciteerd op online mogelijkheden, moet u beginnen aan te kloppen. Dit betekent dat je door het winkelcentrum moet lopen en elke potentiële klant moet vragen of ze mensen aannemen. Ik begrijp dat dit raar kan voelen, maar hoe je denkt maakt geen verschil. Ik sta versteld van het aantal deeltijdse veranderingen als gevolg van de vraag: "Zoekt u weekend- of deeltijdwerk?". Soms is het zo duidelijk.

Stap 5: Bouw uw netwerk op.

Laat je sociale netwerk weten dat je een weekend- of deeltijdbaan zoekt en welk soort werk je leuk vindt. De meeste functies worden niet gepubliceerd, en de meeste bedrijven verkiezen om snel personeel te werven, vooral voor deeltijds werk. Dit betekent dat ze willen vertrouwen op verwijzingen van werknemers, waardoor het des te belangrijker is dat je hun netwerk op de hoogte brengt van je eisen. Zij zullen u helpen.

Stap 6: Houd rekening.

Houd bij met wie u hebt gesproken, vooral als u opnieuw contact moet opnemen. Het succes ligt in de follow-up. Vaak hebben ze niet onmiddellijk een opening, maar als ze u vragen om terug te komen, noteer dat dan en doe dat, dan onderscheidt u zich van de massa. Houd gegevens bij zodat uw tweede follow-up effectiever is.

Stap 7: Vergroot uw keuzemogelijkheden.

Als u nog geen weekend- of deeltijdbaan hebt gevonden, kunt u op zoek gaan naar thuiswerkmogelijkheden. Er zijn legitieme data entry, thuis montage, schrijven, en andere work-at-home mogelijkheden. Vermijd beroepen die te goed klinken of geen gebruik maken van uw unieke vaardigheden en capaciteiten.

HOOFDSTUK 8: MIJN TOP 50 MANIEREN OM $100 ONLINE TE VERDIENEN IN EEN WEEKEND.

Je kunt in één of twee dagen in het weekend online $100 verdienen, mits je de juiste stappen onderneemt. Hier zijn 50 manieren om dit te bereiken en een constante stroom van andere parttime inkomsten te maken.

1. Maak een gratis ebook over een trending onderwerp en upsell je klanten naar een premium aanbod. Verspreid het gratis online.

2. Maak een recensie van een populair product of boek, plaats deze op je blog of website met een affiliate link en verspreid je stuk op een enorm aantal sociale netwerken en andere websites.

3. Als je al een e-maillijst hebt, kun je een e-mail ter promotie van een nieuw product naar jou of iemand anders sturen als onderdeel van een e-mail met waardevolle inhoud.

4. Schrijf drie tot vijf uitstekende artikelen voor examiner.com en promoot ze.

5. Publiceer meerdere verse blogartikelen met Google AdSense en verspreid ze via Twitter, Facebook en andere sociale netwerken en bookmarking sites. Maak ze actueel, relevant en boeiend.

6. Maak een paar video reviews van populaire boeken of andere producten en adverteer ze met een affiliate link op meerdere video-sharing websites.

7. Maak een hete aanbieding en een heet stuk inhoud, deel dan de inhoud met een link naar de hete aanbieding op Facebook.

8. Gebruik de zoekfunctie van Twitter om mensen op te sporen die op zoek zijn naar een

oplossing voor een probleem en ontwerp een product dat hun probleem beantwoordt of biedt een affiliate product aan.

9. Bied een product aan dat een probleem aanpakt of antwoord geeft op een dringend onderwerp dat mensen op message boards en forums vragen.

10. Bezoek Facebookgroepen en voer dezelfde acties uit als in nummer 8 en 9.

11. Maak een korte eBay-veiling voor een populair product en verkoop het.

12. Verspreid een gratis ebook, inclusief affiliate links, en spoor individuen aan om het te verspreiden.

13. Organiseer een internetfeest en verkoop bepaalde dingen waar veel vraag naar is.

14. Breng een vergoeding in rekening voor deelname aan een teleseminar over een populair onderwerp.

15. Vraag een vergoeding voor deelname aan een webinar over een populair onderwerp.

16. Promoot een website-brede product opruiming aanbieding aan de hele wereld.

17. Maak een online videoserie over een actueel onderwerp. Geef er één gratis weg en verkoop de andere.

18. Besteed de hele dag aan betaalde enquêtes.

19. Maak een website van één pagina met waardevolle informatie en voeg een PayPal donatieknop toe, met het verzoek aan bezoekers om bij te dragen wat zij de moeite waard vinden.

20. Maak een aantal schattige en verfijnde foto's. Plaats je foto's op Facebook of een andere populaire website en bied bezoekers de mogelijkheid om afdrukken te kopen.

21. Upload een aantal one-of-a-kind t-shirts, stickers en andere producten naar Café Press en zet uw website agressief in de markt.

22. Maak een aantal hoogwaardige logo's en stel ze beschikbaar voor aankoop.

23. Maak een betaalde audioserie, vergelijkbaar met een podcast, en verkoop die.

24. Zoek een bedrijf dat een video-advertentie nodig heeft. Maak de advertentie en plaats die namens hen online.

25. Zoek een bedrijf dat een website nodig heeft en ontwikkel die voor hen.

26. Bied aan om internet video getuigenissen te produceren voor een paar bedrijven. Breng hen in rekening voor deze dienst.

27. Zoek een klant die een freelance schrijver nodig heeft en besteed je tijd aan het maken van artikelen voor hen.

28. U kunt advertentieruimte verkopen op uw website met voldoende verkeer.

29. Zoek een website die advertenties moet verkopen en vraag een aandeel in de inkomsten. Neem vervolgens contact op met potentiële kopers en stel de verkoop van de advertenties voor.

30. Zoek een paar bedrijven die bereid zijn u te betalen om hun producten te helpen beoordelen op uw blog.

31. Bied aan om blogberichten voor iemand te schrijven in ruil voor een vergoeding.

32. Zoek de best verkopende boeken op Amazon en maak tekst- en video-advertenties met jouw affiliate link.

33. Bied aan om als gast te spreken op een teleseminar en geef een vergoeding voor je expertise.

34. Bied aan om te verschijnen in een live tv-uitzending over een onderwerp waarin je expertise hebt en vraag een vergoeding.

35. Plan een live evenement over een trending onderwerp en verkoop online tickets.

36. Combineer een aantal van je beste content in een informatief product, verkoop het voor een belachelijk lage prijs en promoot het agressief.

37. Bied aan om heerlijke, eenvoudig te bereiden maaltijden voor mensen te bereiden, adverteer ze vervolgens online in je lokale regio en bezorg ze.

38. Run een wedstrijd voor een paar uur waarin individuen hoogwaardige, populaire goederen kunnen winnen en bied degenen die niet wonnen een aanzienlijke korting op het product.

39. Bied aan om wenskaarten of ansichtkaarten te schrijven en te posten voor een klein bedrijf of

persoon die veel kaarten of ansichtkaarten verzonden moet krijgen.

40. Adverteer dat je lokale koeriersdiensten kunt uitvoeren voor enkele personen.

41. Zoek meerdere onderwerpen waarover je kunt schrijven op Associated Content en stel de bijbehorende artikelen samen.

42. Bied je diensten aan als weekend virtuele assistent aan een bedrijf dat minimaal internetwerk nodig heeft.

43. Adverteer dat je voor één of twee klanten in het weekend vanuit huis typt.

44. Bezoek upwork.com en zoek naar opdrachten waarop u met succes kunt bieden en die u kunt voltooien.

45. Als u een vreemde taal spreekt, kunt u online iemand ontdekken die vertaalwerk nodig heeft.

46. Maak foto's van een aantal schattige dieren en verkoop de beelden online met toestemming van de eigenaren.

47. Maak en verkoop wat origineel PLR-materiaal.

48. Maak cadeaumanden en verkoop ze naast uw andere producten of als een weekend-only promotie.

49. Zoek een bedrijf dat hulp nodig heeft bij het opzetten van zijn sociale netwerkpagina's en doe het voor hen.

50. Laat mensen een virtuele lezing of conferentie bijwonen die gericht is op een specifieke niche.

CONCLUSIE.

Tegenwoordig is iedereen op zoek naar extra geld. Als je op school zit of op kantoor werkt, heb je alleen in het weekend tijd om bij te verdienen. Wees ondernemer in het weekend en verdien ander geld.

Er zijn veel mogelijkheden om geld te verdienen in het weekend als je vindingrijk genoeg bent. Er zijn verschillende mogelijkheden om in het weekend bij te verdienen.

Als je een computer en een internetverbinding hebt, kun je eerst overwegen om vanuit huis te werken en geld te verdienen. Het internet is een van de grootste marktplaatsen ter wereld. Met de middelen van het internet is er geen grens aan hoeveel er verdiend kan worden.

Voordat u begint, moet u uitgebreid onderzoek doen om uw interessegebied te bepalen en het gebied dat het beste past bij uw beschikbare tijd en werkschema.

U kunt dit zelfs twee keer per week doen om extra geld te verdienen. Veel tijdschriften en kranten zijn voortdurend op zoek naar weekendbezorgers. Krantenbezorging kan een andere optie zijn om te overwegen. U kunt relevante informatie ontdekken in uw lokale krant.

Als je een passie hebt voor tuinieren, kun je ook overwegen om in het weekend hovenier te worden. Bomen planten, gazons opruimen en maaien en genieten van je hobby terwijl je ander geld verdient. Je buren zijn zeker op zoek naar iemand zoals jij.

Je hebt motivatie, initiatief en ijver nodig om een succesvolle ondernemer te zijn. De dollars zijn een natuurlijk gevolg. Wees ondernemer in het weekend en verdien ander geld.

Probeer wat ik deed als je onmiddellijk of binnen het uur geld nodig hebt. Ik verdien vandaag meer geld dan in mijn vorige zaak, en dat kan jij ook, als je op onderstaande link klikt en het ongelooflijke waargebeurde verhaal leest. Ik was slechts tien seconden achterdochtig nadat ik lid was geworden voordat ik wist wat dit was. U zult ook stralen van oor tot oor, net als ik.

Zoals je ziet zijn er veel mogelijkheden voor moeders om een redelijk inkomen te verdienen door gewoon in het weekend te werken. De meeste mensen realiseren zich niet dat een weekendbedrijf zo uitgebreid kan worden dat je nooit meer een 9-tot-5 baan nodig hebt. Als je nog steeds niet zeker bent van deze methoden om geld te verdienen, moet je weten dat er nog veel andere opties beschikbaar zijn.

U moet eerst alles goed hebben opgezet. Dit betekent dat u uw thuiskantoor moet voorzien van de nodige apparatuur, waaronder een computer en comfortabele thuiswerkstoelen. U moet zich realiseren dat om online geld te verdienen.

Managementvaardigheden voor managers.

1. Tijdmanagement voor managers
2. Werknemerscoaching voor managers
3. Teambuilding voor managers
4. Zelfvertrouwen voor managers
5. Onderhandelingsvaardigheden voor managers
6. Customer Service Vaardigheden voor Managers
7. Assertiviteit voor managers
8. Zakelijke etiquette voor managers
9. Luistervaardigheden voor managers
10. Leiderschapsvaardigheden voor managers
11. Communicatievaardigheden voor managers
12. Presentatievaardigheden voor managers
13. Stressbeheersing voor managers
14. Besluitvorming voor managers
15. Conflictbeheersing voor managers.

Serie: Financiële vrijheid op elke leeftijd.

- Financiële vrijheid bereiken in de 20
- Financiële vrijheid bereiken in de 30
- Financiële Vrijheid bereiken in uw 40er jaren
- Het bereiken van financiële vrijheid in uw 50er jaren
- Het bereiken van financiële vrijheid in uw jaren 60
- Het bereiken van financiële vrijheid in uw 70er jaren en daarna.
- Het bereiken van financiële vrijheid bij kinderen
- Het bereiken van financiële vrijheid bij tieners
- Financiële Vrijheid bereiken bij studenten.
- Financiële oplichting om op te letten bij pensionering.

Serie: Persoonlijke financiën voor jou.
- ➤ Crypto kopen en verkopen voor beginners
- ➤ Waarom beleggen in dividendaandelen zinvol is.

Serie: Rijkdom 2022.

- ➤ Online ondernemen.
- ➤ Uw eigen bedrijf starten
- ➤ Vermogensbeheer
- ➤ Passief inkomen.
- ➤ 12 stappen om een eigen bedrijf te starten.

Serie: Uitstekende klantenservice.
- ➤ Uitstekende klantenservice in de detailhandel
- ➤ Uitstekende klantenservice in fastfood
- ➤ Uitstekende klantenservice in full-service restaurants
- ➤ Uitstekende klantenservice in het onderwijs
- ➤ Uitstekende klantenservice in onroerend goed.
- ➤ Uitstekende klantenservice in een callcenter
- ➤ Uitstekende klantenservice als receptionist
- ➤ Uitstekende klantenservice in een hotel
- ➤ Uitstekende klantenservice in de verkoop.
- ➤ Uitstekende klantenservice, ongeacht de situatie.

- Uitstekende klantenservice bij de tandarts
- Uitstekende klantenservice in een medisch kantoor.

Serie: Snel geld.

- Snel geld in een week
- Snel geld verdienen in een weekend
- Snel geld in een maand
- Snel geld voor studenten.

Serie: Hoe promoten.

- Hoe uw bedrijf te laten floreren tijdens een recessie
- Hoe uw receptenboek promoten
- Hoe uw kinderboek promoten.

Auteur Bio

D.K. Hawkins. D.K. leest graag persoonlijke zakelijke boeken en brengt graag tijd buiten door. Meer boeken zullen komen in deze collectie, dus volg op Amazon voor meer boeken.

Bedankt voor uw aankoop van dit boek.

Ik stel het echt op prijs en waardeer u, mijn uitstekende klant.

God zegene U.

D.K. Hawkins.

www.ingramcontent.com/pod-product-compliance
Lightning Source LLC
Chambersburg PA
CBHW070232220526
45465CB00004B/1399